# クビライの挑戦

## モンゴルによる世界史の大転回

杉山正明

# 目次

## 第二部　世界史の大転回

# クビライの挑戦

## モンゴルによる世界史の大転回

# 第一部　あらたな世界史像をもとめて

# 1　モンゴルとその時代

## モンゴルの出現

西暦十三世紀のはじめ、のちにモンゴル高原とよばれることになる大草原の東北隅に、ささやかな遊牧集団が急速に勢いをましつつあった。首領の名はテムジン。かれがひきいる「モンゴル」という名の集団は、ゴビの北に割拠するトルコ・モンゴル系の大小さまざまな遊牧集団を一挙にとりまとめた。その間、わずか三年。のちに、テムジンの子孫がイラン方面にうちたてたモンゴル政権のひとつ、遊牧民の連合体である「フレグ・ウルス」、俗称「イル・ハン国」において、モンゴル帝国の歴史がペルシア語でしるされたが、その編纂長官となった宰相兼歴史家のラシード・ウッディーンは、テムジンの制覇を「天運にめぐまれた」と表現した。

一二〇六年の春、テムジンはオノン河の上源にひろがる美麗な草原で即位式をあげ、チンギス・カンと名のった。そして、あたらしい遊牧国家をモンゴル語で「イェケ・モンゴル・ウルス」、すなわち「大モンゴル国」と名づけた。

この新興国家の指導者は、つぎつぎと周辺地域にたいする遠征を企画した。それは、チンギスのもとによりあつまった牧民たちの希望でもあった。かれらは、自分たちの力が結集されれば、大変な政治・軍事上の威力となることを知っていた。遠征の成功は、豊富な物資と財貨を約束してくれるはずであった。

そしてまた、チンギスも、すぐさま挙国一致の外征にうってでなければ、この遊牧民連合体はたちまちくずれかねないあやうい存在であることをよく知っていた。北中国の金朝をはじめとする周辺諸国家は、モンゴル高原の牧民が統一されることをもっともおそれ、遊牧民集団どうしを敵対させる政策を長らくつづけてきていたからである。高原統一に満足してなにもしなければ、離反や内応をするものがすぐにもでてくるだろう。対外戦争は、さまざまな牧民たちをひとつに結束させる一番てっとりばやい方法であった。

こうして、チンギスひきいる遊牧民たちは、外征の旅にでた。かれらの旅は、世代をこえて数十年にわたってつづくことになった。もともとは、雑多な人間のあつまりにすぎなかったこの政治軍事集団は、こうした軍旅と拡大をつうじて、たがいにつよい一体感でむすばれ、ともにみずからを「モンゴル」だと認識するようになっていった。

## 目に見えるユーラシア世界

かれらは、チンギスとその血統を共通の主人にいただいて、きわめてみじかい歳月のうちに、ユーラシアをおいつくすまでにひろがった。そして、十三世紀のすえには、人類史上で最大の版図を実現することになった。モンゴルは、およそ一世紀半のあいだ、世界と時代

イキレス氏
オイラト族
タイチウト氏
オルクヌウト氏
キルギス族
メルキト族
キャト・モンゴル
上京会寧府
タタル族
ブルカン山
日本
鎌倉
ナイマン王国
コンギラト族
ケレイト王国
京都
キタン族
開城
高麗
中都
博多
オングト族
ウイグル王国
耽羅
西夏
(タングト)
興慶
金
明州
臨安
吐蕃(トゥプト)
福州
泉州
南宋
広州
大理国
李朝大越国
セーナ朝
ナディア
パガン王国
アンコール朝
バーラ朝
チャンパー
サラ朝
ーラ朝
シュリーヴィジャヤ王国
クディリ朝

チンギス・カン以前のユーラシア（12世紀）

の中心にいて、ユーラシアの歴史のゆくえを大きく方向づけたのち、長期にわたる天変地異とともに傾き、急速に世界史の表舞台から後退していった。

この間、ユーラシアの東西、そして南北は、モンゴルのもとにつなぎとめられ、否応なくモンゴルの影響をうけざるをえなかった。十三世紀はじめから十四世紀の後半にいたる時代は、まさしく「モンゴルの時代」であった。

こうした状況は、現在知られているかぎりでは、人間の歴史がはじまって以来、最初のことであった。西欧列強によって、地球規模で世界がひとつとなりだすのは、実際には十九世紀の後半からである。しかし、それより六世紀もまえ、地球規模ではなかったものの、「ユーラシア世界」は、ひとつの「世界」としてむすびつけられていたのである。西欧人や西洋史家が考えるように、西欧の「世界」進出をコロンブスにはじまる「大航海時代」にまでさかのぼらせても、二世紀もさきだつことであった。

それまで、中国、インド、中東、地中海域など、いくつかの「文明圏」は、相互に多少の交渉はあったものの、たがいに孤立しあっていたかのようにいわれている。しかし、どの「文明圏」も、モンゴルの出現とともに、もはや他の「世界」や「文明」について、知らないままでいることはできなくなった。アジアとヨーロッパは、ひとつの視野でとらえられるようになった。ここに、「世界史」は、はじめてその名にあたいする一個の全体像をもつことになったのである。

## モンゴル時代のイメージ

これまで、モンゴルとその支配についてありとあらゆることばをつくして、さまざまな非難や悪罵《あくば》が歴史をつうじて浴びせられてきた。暴力、破壊、殺戮《さつりく》、圧制、搾取《さくしゅ》、強奪《ごうだつ》、強制、無知、蒙昧《もうまい》、粗野、野蛮、粗暴、悪辣《あくらつ》、奸佞《かんねい》、邪悪《じゃあく》、破廉恥、無軌道、不寛容、非文明などである。

なかには、あきらかに意図した中傷の場合もある。モンゴルについては、悪い評価がふつうであった。とりわけ、モンゴルを「文明の破壊者」とする考えは、ふるくからくりかえされてきた。

たとえば、イランないしイスラーム、中東地域の低落がのべられるとき、しばしば「モンゴルの破壊」に、その由来がもとめられた。また、ロシア方面についても、「タタルのくびき」という用語で、モンゴルの支配がロシアにとっていかに過酷《かこく》で苦渋《くじゅう》にみちたものであったか、帝政ロシア時代から、ソ連時代、さらに最近にいたるまで、好んで語られた。

とくにソ連時代のロシアでは、「タタルのくびき」のはなしは、小学校の教科書でも、取りあげられた。世代をこえ、忘れることのできない「民族」の記憶として受けつがれ、宣伝されつづけた。

ロシア人には、トルコ系やモンゴル系の人々にたいするある独特の感情が、現在でも根強くみられる。そうした憎悪と蔑視《べっし》がないまぜになった感情は、とうぜん、その感情をぶつけられる側にも、ある独特の感情をひきおこす。そして、心の奥深くによどんで堆積する。それは、さまざまにゆれるロシアとその周辺の情勢のなかで、見逃せない要因のひとつとなっている。

しかし、一般にモンゴルを悪者とするイメージがもっとも定着しているのは、中国史の場合である。とりわけ日本では、高校の世界史教科書から、さらには大学受験用の参考書にまで、書かれてしまっている。

その内容は次のようなことである。モンゴル時代の中国では、支配者のモンゴルは無知蒙昧で、高度な中国文化を理解できなかった。そのため、中国文化をささえてきた伝統の文化人や知識人たちは不遇な境遇においやられた。「士大夫《したいふ》」、あるいは「読書人《どくしょじん》」と呼ばれることもあったかれらにとって、高等文官選抜試験の「科挙《かきょ》」に合格して王朝政治に参加することこそ、人生の目標であり、希望であった。しかし、モンゴル治下では長いあいだ、科挙はおこなわれず、かれらの高級官僚への道はとざされた。科挙は、元代中期になってやっと再開されたものの、ほんのささやかな規模でしかなかった。

また、モンゴル治下の中国では、人種・地域により、四階級の身分制度が厳重にしかれていたともいわれる。最高位は、もちろん支配者のモンゴルである。第二位が、「色目人《しきもくじん》」と呼ばれた異邦人たちである。ウイグルをはじめ、タングトと呼ばれた西夏族、中央アジアからきたカンクリやアルグン、西北ユーラシア草原のキプチャク、カフカズ北麓のアス（現在のオセット）、さらには中央アジア・西アジアのムスリムから、はてはヨーロッパ人もふくまれる。第三位は、「漢人《かんじん》」と総称された人々。かつての金朝の領域にあたる北中国の住民のことで、いわゆる漢族のほか、遼朝《りょう》キタン（もしくはキタイ）帝国の後裔であるキタン族や金朝の支配層であった女真族《じょしん》もさす。そして第四位に、もと南宋国《なんそう》の住民であった南中国の人々、「南人《なんじん》」がすえられた。

人間の数は、下層になるほど多くなる。少数の支配者であるモンゴルは、人種やことば、生活慣習や文化伝統のちがいをたくみに利用して、自分たちの支配を有利にみちびいた。なかでも、悲惨だったのは「南人」であった。かれらは社会の最下層に位置づけられて、差別と虐待をうけなければならなかった。とりわけ哀れをきわめたのは、儒者であった。伝統中国王朝ならば重んじられたはずの儒者たちは、口だけ達者で役立たずの出来そこないとされ、「九儒十丐《きゅうじゅじっかい》」といわれた。社会をたてに十段階にしきったとき、儒者は九番目で、乞食よりはましなだけ、という意味である。儒者のすぐ上の八番目には、売春婦が置かれていた。

そこで、官途をうしない、立身の道を閉ざされた士大夫たちは、抑圧された不満とエネルギーを、それまでならばかえりみることのなかった庶民文化の分野に、そそぎこんだ。もっとも有名なのが、「元曲」と呼ばれる口語体の音曲いり舞台演劇で、ほかにもさまざまな庶民文化が普及した。モンゴル治下の中国の明るい面として評価すべきところではあるが、つまりは抑圧された状況だったからこそ出現した事態であり、鬱屈《うっくつ》したエネルギーが奔出《ほんしゅつ》した産物なのだ、と。――常識で考えても、かなりひねくれた無理のめだつ奇妙な論理と思われる。

ひとくちでいえば、モンゴルは中国にとって災厄でしかなかったというのが、これまでの「常識」である。科挙の停止、四階級制の確立、そしてマイナス・エネルギーの発露としての庶民文化の興隆、というのが決まり文句で、たいていいつもこの三点で説明される。

モンゴルは、中国とその民衆にとって、混乱と圧制と搾取に象徴される、というのである。南宋時代までにめざましい発展をとげて、世界最高の社会・経済・文化・技術の水準に到達していた中国は、致命傷ともいえる大きな痛手と頓挫《とんざ》を味わうこととなった……。

こうしたイメージは、じつは専門の中国史研究者にも、かなりひろく浸透している。そうした実例をすこしくわしくのべてみたい。問題の十三世紀の当時、ユーラシア世界において、ずぬけて巨大な百万都市であった南中国の杭州《こうしゅう》が、モンゴルによって立ちいたることになった運命についてである。

## 2　モンゴルは中国文明の破壊者か

**奇妙な読みかえ**

フランスは「支那学《シノロジー》」の長い伝統をほこる。現代のフランス・シノロジーを代表する碩学《せきがく》J・ジェルネ氏は、モンゴル軍の手におちる直前の南宋の都、杭州の繁栄をえがいた『モンゴル侵入前夜の中国の日常生活』という著書の序文で、このようにのべている。

「一二七六年、杭州がモンゴル族によって攻略され、中国全土がその歴史で初めて蛮族によって占領された年である。全ての文化に反逆し、戦いに生きる民族の伝統のみに固執する蛮族、西方世界を驚嘆させたあの大征服事業をなし遂げた遊牧民の群れによる中国全土の完全な征服は、中国精神に幻滅を与えた。モンゴル族による占領は当時世界で最も富裕で、最も進んだ文明の国であった中国に深刻な打撃を加えたのであった。中国の文明は多くの分野でモンゴル族による征服前夜において最も輝かしかっただけに、この歴史的事件は中国の歴史に重大な挫折をもたらしたのである。」

ここには、中国と西方世界を文明の国とし、モンゴルなどの遊牧民を蛮族ときめつけてためらわない意識が鮮明に表明されている。

しかし、ジェルネ氏のいうとおり、本当に、モンゴルの「征服」が中国に深刻な打撃をあたえたのだろうか。モンゴルは、本当にすべての文化に反逆し、戦いのみに生きる「蛮族」であったときめつけてよいのだろうか。そして、ジェルネ氏の著書の主題である杭州は、本当にモンゴルによって史上まれにみる巨大な繁栄を奪われたのだろうか。

一九五九年に出版されたジェルネ氏の著作は、中国史上、いや世界史上においても、きわだって洗練された文化都市であった杭州を題材に、そこに生きる中国民衆の日々の生活のはしばしを見事に生き生きとよみがえらせた。これまで英訳や中国語訳も出されているように、名著のほまれ高く、いまも大きな影響をあたえつづけている。日本でも一九九〇年、栗本一男氏によって、『中国近世の百万都市——モンゴル襲来前夜の杭州』と改題されて、出版された。さきに引用した文章も栗本氏の訳文である。

ところが、同書を通読すると、ひとつの奇妙なことに気づく。それは、南宋時代の杭州の繁栄を語る史料として、中国文献のほか、マルコ・ポーロやオドリコ、イブン・バットゥータなどの旅行記が使われていることである。

とくに、マルコ・ポーロの記述は、もっとも率直で価値のあるものとして、切札のように使われている。たとえば、「都市生活の快楽」という項では、つぎのマルコ・ポーロのことばが、まず第一に引かれる。「キンザイ（杭州）は世界に並びなき最高の都市である。そこには余り多様な楽しみがあるので天国にでもいるのではないかと幻想するほどである」。

こうした引用は、いたるところにみられる。そうした文脈に出合うたびに、なんともいいようのない奇異の感をおぼえざるをえない。誰でもよく知っているように、マルコ・ポーロは、モンゴル治下の東方にやってきた。かれが目にし、記憶にとどめた杭州は、モンゴル治下の杭州である。南宋時代の杭州ではありえない。

この点について、ジェルネ氏は序文の最後でことわりをいれている。マルコ・ポーロは杭州がモンゴルの手におちた一二七六年から一二九二年まで杭州で暮らしており、「その当時には市街は南宋時代と大して変わっていなかった」という。だから、マルコ・ポーロの記述を南宋時代の杭州の見聞と読みかえてもかまわないというわけである。

筆者はマルコ・ポーロという世に名高い旅行者が、確実なひとりの人間として、かつてこの地上に存在していたかどうか、根本から疑問をもっている。

それは、ヴェネツィアの公文書館に遺産文書をのこすマルコ・ポーロという人物が、はたして、われわれが『東方見聞録』の通称でよんでいる一連の旅行記の写本群の主人公と同一人物であるかどうか、まったく保証がないからである。そもそも、いわゆる『東方見聞録』という一書を、想定することができるかどうか疑問なのである。一連の写本群はある。しかし、それらの写本群は、それぞれの内容・時期がまちまちで、「祖本《そほん》」などを想定することさえむつかしい。

ここでは、それはともかくとして、その旅行記『イル・ミリオーネ』(『百万の書』)によると、かれはたしかに一二七六年に東方にやってきたことになる。杭州がモンゴル軍のまえに開城した年である。

ただし、すぐに杭州にやってきたわけではない。しばらくの間は、大カアンのクビライにつきしたがって、夏の都の上都《じょうと》や冬の都の大都《だいと》(現在の北京《ペキン》の直接の前身)の方面にいたという。マルコ・ポーロは中国滞在中、ずっと杭州にいたかのようにいうのは、単純な誤解である。

問題は、マルコ・ポーロが東方に滞留していたといわれる一二七六年から九二年までの間、杭州の街は南宋時代と「大して変わっていなかった」とすることである。

素直に考えれば、モンゴル治下の杭州もまた、繁華をきわめた南宋時代と「大して」変わらずに存在しつづけたことにならざるをえない。つまり、モンゴルの打撃は、ほとんどなかったことになる。モンゴルによって杭州の繁栄が失われたとするならば、マルコ・ポーロの記述を引用して南宋時代の繁栄を語らせるのは、あきらかな自己矛盾である。まして、マルコ・ポーロよりものちのオドリコやモンゴルの杭州進駐後からすでに半世紀以上もへたイブン・バットゥータの記述を利用するのは無理である。

モンゴル到来後も杭州はいぜんとして繁栄をつづけていた。それは簡単な事実である。マルコ・ポーロなどのモンゴル時代の文献を引用して、杭州の繁栄を語ろうとすればするだけ、「モンゴルの打撃」という通念は、虚構にすぎないことを逆証していることになる。じつは、マルコ・ポーロなどの異邦人の記録を利用しなくても、あらゆる同時代の漢文原典史料は、杭州が南宋時代から元代をつうじて一貫してまれにみる繁栄した巨大都市であったことを示している。まえに引用したような激烈な口調でモンゴルをののしり、中国文明に深刻な打撃をくわえたと悲《ひ》憤慷慨《ふんこうがい》しても、歴史事実のうえからは、とても証明できない。

こうした誤解は、じつはジェルネ氏にかぎらない。日本や中国、そして欧米の研究者による著述のなかにも、かなり多くみられる。むしろ、それがふつうだといっていい。

ジェルネ氏は、洋の東西をとわず、研究者からひろく一般にいたるまで、ままありがちの「おもいこみ」を率直に表明しただけのことである。氏の書は、南宋時代からモンゴル時代にまたがる「中国近世」の巨大都市である杭州の繁栄を活写した点で、まことにすばらしい著作であることは変わらない。

問題は、その「おもいこみ」である。歴史の研究をするさい、これほど厄介なものはない。

しかも厄介なのは、一度こしらえてしまった結論は、なかなか訂正されないことである。そうこうしているうちに、出された学説、作られた結論のほうは、勝手にひとりあるきをしはじめる。いろんな人がそれに従うからである。しかし、その結果、巨大な誤解の構造ができあがり、「定説」や「通説」となって、多くの人の頭にへばりつく。

この場合、多くの人々の頭には、「モンゴルによる血なまぐさい大征服」というイメージが疑いなくあるのである。

**杭州入城の実態**

西暦一二七六年のはじめ、南宋国の首都であった杭州は、バヤンひきいるモンゴル軍のまえに無血開城した。ほろんだ南宋側の年号では徳祐《とくゆう》二年、ほろぼしたモンゴル側のクビライ政権の年号でいえば至元《しげん》十三年のことである。

ふつうのイメージとはちがい、モンゴル軍は杭州の街をまったく略奪しなかった。流されたわずかな血は、南宋の兵士どうしによるものであった。杭州城の内外には、四〇万におよぶ軍団が駐留していたが、無条件降伏を決定した南宋政府の方針に対して、失職をおそれた南宋側の首都部隊の一部が暴動をおこした。かれらはモンゴル進駐軍に対しては弱腰で、ほとんど役に立たなかったが、南宋政府に対しては一転して強腰であった。暴動の主力は、下級軍人たちであった。幹部の軍人たちは、さっさと降伏に賛成した高級官僚たちとともに、身の保全に熱中していた。「征服者」モンゴルのまえに、なんとかおだやかに開城したい側と、それに不満なものたちとがぶつかることになった。いわば、同士うちである。

反乱軍の一部は鎮圧され、一部は、南宋の幼主で少帝とも恭宗《きようそう》とも呼ばれることになる趙《ちよう》㬎《けん》の兄弟二人のおさな子をかついで杭州を脱出し、再起をはかって南へむかった。その混乱のなかで、南宋兵士のあるものたちは、杭州市内の民家に押しいって、強盗や略奪・暴行に汗を流した。

征服者であるはずのモンゴル軍は、まことに粛々《しゆくしゆく》と入城した。モンゴル軍は治安維持のために、杭州市内のすべての家々のかどぐちに家族全員の名前をはりつけさせ、あわせて夜間の外出を禁止した。

これを「嫌がらせ」だとする中国史研究者もいる。しかし、モンゴル軍が厳重に秩序をまもって杭州内外を管理しなければ、いったいどういう事態がおこったか、容易に想像される。南宋国の成立から百五十年、北宋建国にまでさかのぼってかぞえれば実に三百年以上にわたってつづいてきた政権と国家が消えうせたのである。ほとんど何もおきなかったことは、おどろくべきことといっていい。

このときの見事なまでに統制されたモンゴル軍の行動は、歴史上の幾多の類例のなかでもきわだっている。大カアンのクビライの厳命によるものではあった。とはいうものの、バヤンをはじめとするモンゴル進駐軍の将官たちの力量も、なみなみならぬものがあったことがうかがわれるのである。

こうした無血開城は、中国史上では異例きわまることであった。ふつう、中国史において、ある王朝や政権が武力をもってほろぼされる場合、まずは惨憺《さんたん》たる事態となる。われわれは、つい前近代の中国史を士大夫や読書人を中心とするソフトウェア優位の世界と錯覚しがちであるが、日本列島や朝鮮半島の歴史と比較してみればすぐわかるように、中国史は治《ち》乱興亡《らんこうぼう》が異常なまでにはげしい力と力のハードウェア至上の世界である。

この点に関連して、ジェルネ氏が前掲書のなかで、「一般に信じられているとは逆に、中国の歴史は人類の歴史の中で他に較べるもののないほど衝撃的な事件の連続であり、最も血塗られた歴史であり、血腥いものであった」というのは否定しにくい面がある。それに反して、一二七六年のモンゴルの杭州進駐は、「征服」というよりも、「接収」というソフトな印象のことばのほうが似つかわしい。そして、この前後、モンゴルの治下にきわめて平和裡におさまることになった旧南宋領の江南《こうなん》（中国本土《チャイナ・プロパー》のうち長江以南の地）全域についても、ほぼおなじことがいえるのである。

しかし、それでは紋切り型の「歴史」がなりたたないらしい。モンゴルは「蛮族」だから、「文明」を破壊してくれないことにはつじつまがあわない。遊牧民は、悪玉と相場がはじめからきまっている。

おそらくなかなか信じていただけないかもしれないが、一二七六年にモンゴル軍がやってきてからあと、杭州はいったいどのように変わったのか。なにが変わって、なにが変わらなかったのか。確かなことはほとんどわかっていない。首都の杭州からしてそうなのだから、江南地方の各地については、おして知るべしである。

モンゴル治下の杭州と南中国については、いままでのところ、いくつかの特殊なテーマや事柄をのぞき、専門研究者による確実な実証研究は限りなくすくない、といっていい。今後ぜひともやらなければならない課題のひとつなのである。

ところが、たしかな根拠がないのに、モンゴルの打撃だけは声高に語られつづけた。「見こみ」や「おもいこみ」なのである。

## 政治ぬきの繁栄

では、杭州はなにも変わらなかったのだろうか。モンゴルの接収によって、杭州の街から南宋宮廷と中央政府がなくなってしまった。杭州は首都ではなくなった。これは、誰もがみとめざるをえない疑いようのない事実である。

秦漢帝国から近代になるまで、中国では首都だけがずぬけて巨大であった。歴代中華王朝は、中央である都と都にある中央機構への極端な人間の集中という点において、世界の他の地域とはきわだってことなる政治制度の伝統をもっている。他のいろいろな都市にくらべて首都だけが不自然に大きいのである。

広域を支配した王朝や政権であるならば、首都には数千人の「正式な中央官僚」とその予備軍の「太学《たいがく》」の学生がおり、くわえて最低でも三〇万～四〇万人にはのぼる首都軍団が駐屯する。

正式な官僚とは、正一品《せいいちひん》から従《じゅう》九品までの位階《いかい》、すなわちランクをもつ「流内官《りゅうないかん》」のことである。その下には、位階をほとんどもたずにさまざまな実務をこなす厖大《ぼうだい》な数の吏人《りじん》たちがいた。この人たちを、ふつう「胥吏《しょり》」といった。その数は確実にはわからないが、「流内官」の三、四倍はいたと考えられている。

官僚・太学生・吏人だけで、どうすくなく見積もっても二、三万人からの人間はいたことになる。それにくわえて首都軍団である。それぞれの家族を考えると、たいへんな数になる

(ただし、吏人や一般兵士のすべてが妻帯して家庭をいとなみ、子供を育てる余裕があったかどうかは別問題である。伝統中華王朝の場合では、とくに軍人たちは蔑視され、劣悪な待遇しかあたえられなかったから、生涯独身のままで終わるものもかなり多かったといわれている)。

そのうえに、首都にはなによりも天子とその一族がいる。そして、後宮の女性や宦官《かんがん》をはじめ、貴人たちに奉仕する各種の宮廷使用人たちもいる。その数も、けっして無視できない。

以上の人間集団を合計しただけでも、五〇万を上回る人口となってしまう。それらの人々が、首都であるという理由だけで存在することになる。またこれらの人々の衣食住にかかわる人間集団も考慮にいれなければならない。こうした必然の付帯人口《ふたいじんこう》を考えると、もはや数は莫大なものとならざるをえない。

そこには、いつの時代でも、中華帝国の首都ならば一〇〇万内外の人口をかぞえる巨大都市にならざるをえないという、前近代の世界では異様きわまる宿命がある。その事情は、「半壁《はんぺき》の天下」、すなわち天下の半分の境域しかないとされた南宋国の場合でも、大きくは変わらない。

モンゴルの接収後、杭州では王室・宮廷・中央政府は消えてしまった。首都に人間と物資があつまるみなもとがなくなった。

もちろん、官僚や吏人のすべてが失職し、その家族ともども路頭に迷ったわけではないだろう。南宋国の機能をそのまま利用することを主眼としていたモンゴルは、人心の動揺や人口の流亡をできるだけ避けようとつとめていたので、意図した安定化政策によって、旧南宋の官吏たちの多くは進駐してきた各種の軍事・行政・経済・宗教の諸部局に再就職したと考えられる。

いっぽう、首都内外に駐屯する兵士たちのうち、南に脱走したもの以外はほとんどそのままモンゴルに降伏した。給与生活者であったかれらを失職したままに放置すると、社会不安の原因になるのは目に見えている。そこで、兵士の優劣と本人の希望にしたがって、アジア各地の戦線にふりむけた。日本遠征のうち、二度目の「弘安《こうあん》の役」において、南中国から船出した一〇万という大兵団のほとんどは、こうした人たちからなっていた。

軍人たちはモンゴル到来後は急速にいなくなり、かわってあらたに駐屯軍として杭州に備えられたモンゴル側の兵士の数は一、二万ていどであった。

もし以上の条件だけで考えるならば、杭州の人口は減少したにちがいないのである。ともかく、純粋に消費だけをする人口の相当数がいちどきに消えうせたのだから、理屈のうえでは経済活動はおとろえる。

現に、これより九十二年後、モンゴルが中国本土をすてて北に退去し、かわって明《みん》軍が進駐した一三六八年以後の大都《だいと》、すなわち現在の北京が、まさしくそうであった。モンゴルの都であった大都の街は、北平《ほくへい》と改名されることにはなるものの、明軍の略奪・破壊・放火もくわわって、いっぺんにさびれてしまった。のち、永楽帝がここに遷都して北京と改称し再建にとりかかるまで、五十年あまりの間は、政権を奪取するまえの永楽帝の住居であった「燕王府《えんおうふ》」などの一部をのぞくと、焼けのこった大都の巨大な遺構が黒々とした無残な姿をさらしてむなしくひろがることとなった。

ところが、モンゴル治下の杭州は繁栄をつづけた。世界帝国モンゴルを背景に、中国の枠をこえて世界の各地から人間・事物・文化があつまった空前の繁栄は、南宋時代をうわまわった。これは、おどろくべきことといわなければならない。それはいったいどうして可能だったのだろうか。

ここに、おそらくすべての鍵がある。モンゴル時代の杭州は、南宋宮廷・中央政府がなくなっても、支障をきたさないくらいの別種の繁栄をむかえたのである。それこそが、マルコ・ポーロやイブン・バットゥータが伝える自由で闊達《かったつ》さにあふれる元代の杭州の姿であった。

それをひとことでいえば、政治ぬきの経済繁栄であった。政治上の要因がうすい条件のもとで百万単位の巨大都市が存在する。——これは、中国史上はもとより、おそらくは世界史上でも、はじめてのことであった。それを可能にしたモンゴル時代とは、いったいどんな時代だったのか。

## 3　中央アジア・イランは破壊されたか

これまで「常識」や「定説」とされてきたモンゴルの評価について、地域ごとに再確認してみたい。

### チンギス・カンの西征と「破壊」

原典史料にさかのぼってみると、これといったたしかな証拠がなかったり、ことさらにねじまげて「定説」がつくられている場合が目につく。

まず、一二一九年から二五年まで、足かけ七年にわたっておこなわれたチンギス・カンの中央アジア遠征はどうだろうか。

ホラズム・シャー国を壊滅においこんだこの遠征では、モンゴル軍は、シル河とアム河のあいだの肥沃なオアシス地帯の「マー・ワラー・アンナフル」(アラビア語で「河むこうの地」)をはじめ、イラン本土にいたるまで、広大な地域の住民を大量殺戮し、繁栄するオアシス諸都市をことごとく破壊したとして、ふるくから有名である。モンゴルを破壊者とするイメージは、おおむね、この遠征にさかのぼるといっていい。

しかし、冷静にみると、このときのモンゴルの軍事活動は、ほぼ東部イランのホラーサーンまでにとどまっている。イラン本土の大半はモンゴルの進攻をうけていない。

もともと、極端な乾燥地域がほとんどであるイラン高原では、「カナート」もしくは「カーレーズ」とよばれる竪穴《たてあな》を点々とうがって、その下に横穴式の地下水路をつらぬいた独特の水道・灌漑設備がアケメネス朝の古代ペルシア以来、発達している。カーレーズの開削は容易なことではないうえ、たえず横穴式の地下水路が土砂の崩落《ほうらく》などでうまらないよう目をひからせていなければならない。開削・保持にかかる人力と費用は莫大なものである。だから、いったんカーレーズが破壊されれば、たしかに耕地はたちまちもとの荒野や沙漠・半沙漠にもどり、住民の生活は破綻《はたん》し、町は廃墟となる。それをもとどおりの人工の緑地へよみがえらせるのは、大変なことである。その当時、こうしたカーレーズ方式は、アフガニスタンからマー・ワラー・アンナフルにまで普及していたとみられている。従来、モンゴルはこれを破壊して、イラン本土におよぶ土地を一挙に荒廃させたといわれてきた。

しかし、ペルシア語の年代記を中心とする関連の原典史料には直接・間接を問わず、モンゴルによるカーレーズの破壊を語る記事はない。また、文献ではなく、遺物や遺跡の面から証拠をさがしても、モンゴル侵入によるカーレーズの破壊、ないしは崩壊を、確実な年次と下手人をともなったうえで、われわれに示してくれる実例はみあたらない。歴史学者のなかにも、うすうすこのことに気づいている人もいた。そういう人は、モンゴルがカーレーズを直接にこわしたかどうかははっきりしないが、モンゴルの侵入によって恐怖におびえた住民が土地を離れたため、カーレーズの補修が困難となり、結果として崩壊においこむことになったという、はなはだ巧妙な説明をしたりする。証拠の有無にかかわりなく、「モンゴルの破壊」という結論におちつかせたいのである。

## 中央アジアでの「大虐殺」

イラン方面での「破壊」以上に、モンゴルの悪虐さの名を高めているのは、中央アジアにおけるチンギス西征軍による住民の「大虐殺」である。

当時のイスラーム史家の手になる文献によると、ニーシャープールでは一七四万七〇〇〇人が殺され、ヘラートでは一六〇万人、別書によればなんと二四〇万人もの住民が大量殺戮されたという。

この記録が根拠となって、モンゴルが大殺戮者であったと、むかしからいいたてられてきた。それはつい最近の史家でもそうである。

しかし、そもそもその当時、中央アジアの都市にそんな巨大な人口はいなかった。たとえば、ヘラートは近年の調査によれば、一〇万人を収容するのがせいぜいだったとされる。

実際にもヘラートの町は、チンギス西征のすぐあとにはクルト家という在地勢力が、モンゴルの承認のもとに一種の地方政権をつくりあげて、モンゴル時代をつうじて大いに繁栄した。一六〇万人や、まして二四〇万人もの人間が殺されていたら、ヘラートとその周辺地区だけでなく、ヘラートをふくむホラーサーン地方全体から人影が絶えてしまったことだろう。歴史上、クルト家の擡頭《たいとう》のまえに、ヘラートに大きな時代の断絶がおきていた様子もみられない。

もうひとつ、モンゴルの「大虐殺」のはなしになると、よく引きあいにだされるニーシャープールはどうだろうか。この町は、古代イラン以来の名高い文化都市であり、ここの破壊こそ、モンゴルの罪業のなかでも、もっともはなはだしく罪深いものだと声高にいわれつづけてきた。まさしく、「文明の破壊者」というわけである。

しかし、ここもまた、モンゴル治下でも、健在なのである。モンゴル時代につづくティムール朝の時代には、ティムール王室の官営工房がおかれ、モンゴル時代に生みだされ東西文化融合のまたとない例となっている染付《そめつけ》の逸品がモンゴル時代そのままに作製されているほどである。

これまで多くの著述では、多少の表現のちがいはあっても、「イラン文化の淵叢《えんそう》であったニーシャープールの町は、モンゴルによって殺戮・破壊しつくされ、以後、二度とふたたび立ちあがることはなかった」といった叙述が、繰り返されてきた。しかし、すくなくともティムール朝の時代までは、ニーシャープールは健在である。もし、「イラン文化の淵叢」が失われたとしたら、それはもっとのちの時代か、さもなくば別の原因によるものである。さきにのべたイラン方面を中心とするカーレーズの破壊や、ヘラート、ニーシャープールなどでの極端な大量殺戮のはなしは、イスラーム史家の感情の発露なのだろう。それに、「白髪三千丈」のたぐいは、漢文だけでない。

「破壊」も「大虐殺」も、いわば「そうであってほしい」とする気持が、「歴史事実」をつくりあげた。もちろん、モンゴルがまったく破壊も殺戮もしなかったというのではない。

モンゴルは、ホラズム・シャー国が国防の第一線として固めていたシル河ぞいの要塞都市は徹底して攻略・破壊した。マー・ワラー・アンナフルやホラーサーン地方の主要都市については、開城後にペルシア語・アラビア語で「アルク」や「カルア」と呼ばれる内城や砦をはじめ、城壁など、防御施設はたいてい破却した。都市の防衛能力をうばう意図はあきらかである。

また、殺人も、とりわけ敵方の軍人・兵士については容赦しなかった。有名なブハラの町の場合、モンゴルと合流できるつもりで安心しきって投降した二万のカンクリ軍を、丸腰のままで全員殺害した。しかし、一般民衆については危害をくわえることは、ほとんどなかった。

アラビア語・ペルシア語で「ハシャル」といわれる戦術であるが、すでに開城・帰付した都市民や村民たちを動員して、つぎの攻撃目標である都市や要塞の前面に立たせた。城濠がめぐらしてあれば、その埋めたてに使役した。そのねらいは、第一に交戦姿勢をみせる籠城中の人々に、投降した親族や顔見知りのすがたを見せて戦闘意欲をなくさせることであり、第二にモンゴル軍が無傷でいられるために、であった。

この「ハシャル」戦術を、近現代の欧米史家たちは人道に反すると非難する。しかし、モンゴルにとっては、もっとも新来のものたちが戦闘の最前線に立つのはふつうのことであった。そのものたちも、さらにあらたな人間が帰付すれば、その人々が今度は最前線に立つので、順次後方に待機することとなる。

それにそもそも、すでに攻略した都市や地方の住民をかりたてて、運搬・設営・攻城などに使うやりかたは、別段モンゴルだけにかぎったことではない。歴史上、中国や中央アジア、中東、ヨーロッパでも、ごくあたりまえのことである。モンゴルも、戦争というものにつきものの破壊と殺戮はおこなった。もとより、その罪をまぬがれることはできない。しかし、それは「モンゴルの大虐殺」という安直なイメージによりかかった歴史家たちが、幻想を拡大再生産してきたほどに極端なものであったとはおもえない。

## 中央アジアは駄目になっていない

中央アジアが人類史上でかってないほどの大破壊と大殺戮を本当にこうむっていれば、二度とふたたび立ちあがれなかったはずである。しかし、それがそうではないことを簡単にさししめす歴然たる反証が、歴史のなかにある。

中央アジアは、モンゴル時代につづくティムール朝の時代に、中央アジア史上、もっとも華やかな時代をむかえる。それは間野英二氏の研究にくわしい。ティムール朝の治下でつくられた建造物、絵画、写本、陶器などのかずかずは、すばらしいものが多い。モンゴル時代に中国文化のエッセンスとイラン・イスラーム文化の嗜好とがまさしく東西融合して、かつてないものが生まれはじめた。それがティムール朝の時代にいたって、とくに中央アジアで見事に花ひらいたのである。

おなじ時期の日本・朝鮮・中国・東南アジア・インド・中東でつくられた文化遺産はもとよりのこと、ルネサンスのヨーロッパの美術品よりもまさっているように見える。最近、となえられだした「ティムール朝ルネサンス」ということばが、はたして用語としてふさわしいかどうかは別として、そういってもおかしくないほどに東西文化融合が最高度に昇華したかがやきがある。

ティムール朝の治下で中央アジアが繁栄の頂点にあった十五世紀、東方の明は中国史上でもまれにみる低落と暗黒のなかにあった。かたや、コンスタンティノープルを陥落させたとはいっても、オスマン朝はまだまだ発展途上であった。真の繁栄は、つぎの十六世紀のスレイマン大帝のときである。かれは「壮麗者」とあだなされるように、強大な国力を背景に帝都イスタンブルをはじめ、いわば帝国全体を壮大かつ華麗に飾りたてる。

ロシアは、「文明」にはほどとおかった。そしてヨーロッパは、黒死病の衝撃から立ちなおれずにいた。十五世紀は、中央アジアだけが光りかがやいていた。

その十五世紀の末に、西の海へ船出したコロンブスが、ほとんど手つかずにちかい豊かで巨大な大陸を結果としてヨーロッパ人にもたらすことになった。西欧は、幸運であった。

もし、中央アジアの「低落」をあえてどこかにもとめようとするならば、通説のモンゴル時代はもとよりのこと、ティムール朝の時代よりも、もっとあとの時代にこそあるとしなければならない。イランについてもまた、モンゴル時代はその前後のさまざまな時期よりは「まだましな時代」であった印象がつよい。

## 4　ロシアの不幸は本当か

### 「タタルのくびき」

西暦一二三六年、チンギス・カンの長子ジョチの子バトゥを司令官とするモンゴル軍は、ヴォルガ・ブルガルと現在のバシュコルトスタン共和国に存在した大ハンガリー王国を席捲《せっけん》すると、翌一二三七年、当時「ルースィ」と呼ばれていたロシアにむかった。世界史上に名高い「ロシア・東欧遠征」である。

そのとき、ロシア全土はほとんど廃墟となったと、いわれている。そして、その後、ロシアはモンゴルの支配のもとで長い苦しみの時代がつづいたとされる。ロシアの不幸の大半は、モンゴルによるものだというのが定説となっている。それを象徴することばが、「タタルのくびき」である。

「タタル」というのは、もともとはチンギス・カンによって吸収・併合されたモンゴル系の有力な遊牧集団のことであった。「韃靼《だったん》」という漢語は、この「タタル」の音をうつしたものである。

チンギス・カンが高原の覇者となるまで、モンゴル部族はごく小さな集団にすぎなかった。だから、政治上の幸運にもめぐまれて、一気に遊牧連合体を実現したのちも、「モンゴル」という名が、すぐにまわりの地域で使われたとはかぎらなかった。

むしろ、あまりよく知られていなかった「モンゴル」という名よりも、ふるくから近隣になりひびいていた「タタル」という名で、この新しい政治勢力を呼ぶこともあった。つまり、モンゴルにとって、「タタル」とは、自称ではなく他称なのである。

そのうえに、もうひとつ事情がくわわった。モンゴルがロシア方面に姿をあらわしたのは、一二二三年、チンギス西征軍の別働隊がカルカ河畔でルースィ諸公軍をうちやぶったときであった。

このモンゴル別働隊は、モンゴル本土にひきあげるチンギス本隊に合流すべく、そのまま東方草原のかなたに姿を消した。しかし、突然あらわれてグルジア、アルメニア、そしてロシアをおそい、ふたたびかき消すように東へ去った不可思議なおそるべき集団の衝撃は、ロシアからさらにヨーロッパのキリスト教世界全体をゆるがした。

このとき、ノヴゴロドの年代記作者は、その蛮族の名は「タルタル」である、とかきとめた。そして、この「タルタル」ということばが、恐怖とおどろきとともにひろくつたわった。

「タルタル」とは、「タタル」のことである。しかし、それが「タルタル」と発音されることによって、ギリシア語・ラテン語で「タルタロス」、すなわち「地獄」という連想がかさなった。これはキリスト教世界の人々にとっては強烈な印象をあたえた。とりわけ、東方正教会、いわゆるロシア正教が人々の心と暮らしを支配しつづけることになるロシアではそうであった。

「タタル」という名。そして、「地獄の民」のイメージ。ここから、「タタルのくびき」という表現が生まれた。「タタル」と「タルタロス」のダブル・イメージは見事なほどである。「モンゴルのくびき」ではなかった。

では、その「タタルのくびき」は本当だろうか。

一二三七年から四〇年までのモンゴルの大侵攻の実態は、「通説」と異なる。たしかに、ルースィの都市のうち、いくつかはモンゴルに攻略され、なかには破壊をこうむったものもある。しかし、多くの都市はじつのところ無傷であった。

九世紀以来の古都で、ともかくもヨーロッパ文明圏の一員であったといわれることの多いキエフは、モンゴルの攻撃をうけて荒廃したとされる。古代ルースィを代表するキエフの破壊は、モンゴルの悪行として名高い。しかし、すくなくとも同時代の北東ロシアの古代年代記には、キエフの破壊や殺戮はしるされていない。それに、このころすでにキエフ・ロシア時代はすぎさっていた。キエフ・ロシアという統合体は存在しなかった。分裂したルースィの中心は、北東ロシアのウラディーミルに移りつつあった。

このとき、モンゴル大侵攻は、まず北東ロシアをたたいた。それから、ふるくからのルースィであるキエフ方面にむかった。しかし、この被害をうけたのは、モンゴル軍の進攻ルートにあたった都市のうち、開城勧告に応じなかったごく少数の町々だけであった。しかも、そうした損害や破壊をこうむった都市も、急速に復旧・再建された。いわゆる「バトゥの西征」の名でもしられるこの大遠征で、ロシア全域が壊滅にちかい状態となったという「定説」や「常識」は、根拠にとぼしい。

### アレクサンドル・ネフスキーの評価

その後のながい「モンゴル支配」のなかでは、どうだったのだろうか。それには、当時のロシアをとりまく政治地図を頭に入れておく必要がある。

ジョチ一門を直接の主人といただくモンゴルたちとその政治集団を、「ジョチ・ウルス」という。「ウルス」とはモンゴル語で「人々、部衆、人間集団」をさし、「国」の意味でも使われる。かれらの牧地は、東はアルタイ山の西麓に源を発するイルティシュの流域から、カザフ草原をへて、黒海北岸の沃野をおおい、西はドナウ河口にいたる広大な西北ユーラシア大草原の全域にひろがっていた。

その中心となるのが、ヴォルガ河の一帯を本拠地とするバトゥの家系である。歴代当主がジョチ一門全体の代表者をも兼ねる慣例であった。その当主の天幕が黄金で飾られていた。これをロシア語で「ゾロタヤ・オルダ」、すなわち「黄金のオルド」といった。「黄金のオルド」をコンパクトに訳すと、「金帳」となる。「金帳カン国」という日本でよく使われる俗称は、もともとはこの「黄金の天幕《オルド》」にちなむ。ルースィ諸公国は、この「黄金のオルド」を主人としてあおぐことになった。

この結果、西北ユーラシア世界には、あたらしい政治構造が生まれることとなった。まず、南側に東西にひろく、雨はあまり多くないけれど、土壌はゆたかな大草原地帯がひろがり、そこにジョチ家の遊牧集団が点々と分布する。その北側の、雨は多いけれども土地は痩せた森林地帯の、そのまたウラルの西側にあたる北西地域に、ルースィ農民の小世界があり、数多くの諸公国にわかれてきそいあうという具合であった。

ルースィ諸公国もふくめて、これら全体がひとつの大きなシステムをなしていた。この重層構造の頂点にいるのが、「黄金のオルド」の主《ぬし》であるバトゥ家の当主であった。

モンゴルへのルースィ諸公の対応は、さまざまだった。そのなかで、モンゴルとむすぶことに熱心であった有名な人物は、アレクサンドル・ネフスキーである。かれの選択が、その後のロシアの運命を決定づけた。スズダリのヤロスラフ・フセヴォロドヴィチ公の子として生まれたかれは、ノヴゴロド公から最後にはルースィを代表するウラディーミル大公にのぼりつめた。かれの名を一躍《いちやく》たかめたのは、一二四〇年、ネヴァ河畔でスウェーデン軍に勝利をえた戦いであった。「ネフスキー」とは、「ネヴァの」という意味で、こののち「ネヴァのアレクサンドル」がかれの通り名となった。

アレクサンドル・ネフスキーは、一二四二年にもドイツ騎士団を撃破して、その侵攻をくいとめた、とされる。かれの名は、そうした外敵をふせいだ名将として当時から高く、その後もロシア救国の英雄といわれた。とくに、スターリン時代には、アレクサンドル・ネフスキーは、ロシアの民族英雄とされた。おりから、ドイツとの戦争もあって、「ドイツ騎士団をやぶった」とされるアレクサンドル・ネフスキーは、格好の存在であった。映画がつくられ、まるで、古代の英雄アレクサンドロス大王に匹敵するようなイメージで、アレクサンドル・ネフスキーの活躍がかざりたてられた。

しかし、一二四〇年といい、一二四二年といい、どちらの年にも、バトゥひきいるモンゴル軍はロシアからポーランド、ハンガリーを席捲しているさいちゅうであった。アレクサンドル・ネフスキーは、もっとも強力で手ごわい相手には、そのささやかなきばさえむけなかったのである。このことはまた、「バトゥの西征」によって、ルースィ諸公国は壊滅などされてはいなかったことをものがたる。

従来、アレクサンドル・ネフスキーの「英雄行為」によってロシアは救われたと称賛するいっぽう、まったく同時期のことにもかかわらず、ロシアはモンゴルの大侵攻で破滅したと悲嘆にくれているのは、いったいなんといったらよいのだろうか。

アレクサンドル・ネフスキーのふたつの戦役が象徴するように、この直前、モンゴル侵攻軍はロシアをひとあたりたいて、その様子を見たにすぎない。ルースィ諸公のほうも、モンゴル軍は帰付の意思表示さえすれば立ち去ってくれたから、実害はすくなかった。

ルースィにとって実際上の脅威は、スウェーデンやドイツ騎士団のほうであった。だから、自分の力で立ちむかった。はっきりと、阻止の態度にでたのである。ただし、たとえば、この時点でのドイツ騎士団など、せいぜい一〇〇人から二〇〇人ていどの「侵入軍」であったが。

ひょっとすると、アレクサンドル・ネフスキーは、このときすでにモンゴルの了解か、あるいはさらに相談のうえで、両戦役に対処したのかもしれない。というのは、この両戦役のちょうどあいだにあたる一二四一年四月九日、ポーランドに進攻していたチャガタイ家のバイダルひきいるモンゴルの別働隊は、レグニツァ郊外の平原にて、シレジア公ヘンリクを主将とするポーランド軍とドイツ騎士団の連合軍を撃破したとされているからである。ただし、レグニツァの戦いなどはなかったとする考えもある。レグニツァの戦いについては、同時代史料からは、よくわからない。ただし、あったとしても、おそらく、ごくささやかな種類のものであった。

アレクサンドル・ネフスキーが、氷結したチュード湖のうえでドイツ騎士団を打ちやぶったのが、その翌年の四月五日とされる。もし、レグニツァの戦いが本当にあったならば、ドイツ騎士団からすると、一年のうちに二度にわたって大敗を喫していることになる。その場合、かれらの立場にたてば、モンゴルとルースィ諸公は一体化して見えたかもしれない。

アレクサンドル・ネフスキーは、モンゴルと手をむすぶのに熱心であるのにとどまらず、モンゴルにたいするルースィの人々の抵抗活動もみずから弾圧した。とても、スターリンがもちあげたような「民族英雄」ではなかった。すぐれたロシア史家であるJ・フェンネル氏は、「タタルのくびき」は一二五二年にアレクサンドル・ネフスキーが自分の兄弟を裏切ったときからはじまったという。

たしかに、そうかもしれない。かれは、この年、モンゴルの力を背景にウラディーミル大公となることに成功する。ウラディーミルは、しだいにルースィの中心となっていった。そして、大公の位はルースィ諸公のうえに君臨するものであった。

かれはモンゴルにすすんで臣従し、その力を陰に陽に使いながら、大公の権力をつよめていった。そして、「黄金のオルド」からの帰りみち、一二六三年十一月十四日に逝去するまで、ウラディーミル大公として政略のかぎりをつくした。

かれのやりかたが手本となった。ロシアの権力者になろうとすれば、モンゴルとの協調・親密が決め手となった。

ルースィ諸公は、あらそって「黄金のオルド」へ参勤した。「タタルのくびき」といわれる状態がロシアのなかにあったとするならば、こういう状態のことである。

アレクサンドル・ネフスキーが、ロシアにとって救国の英雄であったか、売国奴であったか、議論はわかれるところだろう。ただし、かれは現実を重んじる政略家であった。必要かつ「可能」ならば、敵を迎撃したし、逆に不可能とみれば膝を屈して相手と「協調」する「ごくふつう」の人物であったといっていいのかもしれない。

## ロシア帝国への道

ロシアはモンゴルがやってくるまでは、北のバルト海と南の黒海とをむすぶ通商・交易以外は他の周辺世界からほとんどとりのこされていたような土地柄であった。

ルースィの都市といっても、たいていは土塁《どるい》と木柵でかこまれただけであった。都市の規模もなかみも、ささやかなものであった。当時のユーラシア世界を見わたしたとき、中国都市や中央アジア・中東の都市とはくらべようもない。

当時のロシアの状況は、ロシアにくらいついて吸いあげていたはずの当のモンゴルがロシアを重視していなかったことからもわかる。

ジョチ・ウルスは、カフカズをへだてた南のイラン方面をおさえるフレグ・ウルスと対立をつづけたが、その原因はジョチ・ウルスがカフカズ南麓からアゼルバイジャンにわたる肥沃な牧地とゆたかな富をもとめて、南下政策を第一の国是としたからである。

それとは逆に、モンゴルはルースィ諸公国を直接に統治しようとはしなかった。もちろん、ロシアから税の貢納はあった。しかし、おそらくそれは「黄金のオルド」の主人にとって、黒海やアゾフ海の沿岸に点在するタナやスダクといったイタリア植民交易都市からの上納金とはくらべものにならなかったはずである。

ルースィ諸公にとってはモンゴルはなにをおいてもまず第一に大事な存在であったが、モンゴルにとっては重視する対象ではなかった。率直にいって、従来の歴史研究者はこの時期のロシア方面について、ルースィ地方を「主」とし、キプチャク草原のモンゴルを「従」としてかんがえがちである。とりわけ、ヨーロッパ史の立場からする史家にその傾向がつよい。しかし、事態は逆である。

ロシアは、むしろモンゴルの支配をうけることによって、世界帝国モンゴルの経済・文化・流通の体系のなかに組みこまれることとなった。モンゴルの駅伝・運輸・交通網である「ジャムチ」（駅站《えきたん》そのものは、モンゴル語で「ジャム」という。トルコ語では「ヤム」と発音され、ペルシア語史料では「ヤーム」のかたちでしるされる。漢字の「站」は、モンゴル語の発音をうつし、字形が意味をあらわす。「人」をあらわす接尾辞の「チ」をつけたモンゴル語「ジャムチ」は、本来「駅伝にかかわる人」を意味する。ふつう、駅伝とそのシステム全体の意味で使うことが多い）も、ロシアに達した。ヨーロッパとアジアをむすぶ陸上交通ばかりでなく、バルト海、カスピ海、黒海、地中海、紅海、ペルシア湾を通じる海上交通の恩恵もおしよせた。そして、なによりも、バトゥ家をはじめとするモンゴル自身が富をおとしてくれた。

ルースィ地方はモンゴルがやってきてからのち、活発にうごきだした。

十三世紀から十六世紀までのロシアでは、色々な面でもモンゴルの影響が色濃い。ロシア正教のルースィ全域への普及も、陰に陽にモンゴルの力を利用してなされた面がある。しかし、もっとも重大なことは、モスクワの浮上である。

モンゴルがやってきたころ、モスクワは小さな町にすぎなかった。しかし、モンゴルの到来と支配によって、モスクワにチャンスがおとずれた。歴代のモスクワ公は、アレクサンドル・ネフスキーのつくりだした方式の忠実な継承者となった。婚姻と上納でモンゴルとしだいに親密となり、一三二八年、ついに「黄金のオルド」はモスクワ公を大公と認め、ロシア全域の徴税をその手にゆだねた。

こうしてモスクワは、モンゴルの力を背景にゆっくりと権力をつよめていった。その間、十四世紀には民族統一をなしとげたリトアニアが強大化してゆく。南の草原地帯のモンゴルと北のバルト方面からドニエプル水系に力をのばしたリトアニアとのあいだで、ルースィは綱引き状態になったりした。ジョチ・ウルスは、各地のモンゴル政権のなかでは、ずぬけて長命だったが、十四世紀の後半ころより分立傾向がつよまった。十五世紀のなかばには分裂をくりかえして数個の権力にわかれた。しかし、それでもゆるやかな権力グループをたもち、モスクワもその一員でありつづけた。

この状態がさらに百年つづいたのち、十六世紀のなかばに、イヴァン雷帝が出現して、ヴォルガ流域のカザンとアストラハンのふたつの「カン国」をたおし、モスクワ大公国はロシア帝国への脱皮をとげはじめる。

しかし、そのイヴァン雷帝でさえ、いったんシメオン・ベクブラトヴィチという名のモンゴル王侯に譲位してから、ふたたび即位するというややこしい形式をとった。モンゴルが、王権の保有者であるという認識が、なお強くあった。ロシア帝国そのものが、モンゴルぬきでは、とてもありえなかったことを象徴している。

ジョチ・ウルスのかつての中核地域であったヴォルガ一帯を制圧してからは、ロシア帝国は急速に拡大した。それはとくに東方、シベリア方面においてはげしかった。拡大のおもなにない手となったのは、カザン、そしてかつてジョチ・ウルスを構成したトルコ系の人々の一部であった。

ユーラシア大帝国としてのロシア帝国の大版図は、モンゴル支配の裏がえしのかたちで形成されていった。ロシア帝国がモンゴル帝国の継承者のひとりであるという考えかたはこういう点にある。

「タタルのくびき」は、この過程のなかでつくられていった。ロシア皇帝たる「ツァーリ」の支配は、ながいあいだ抑圧されてきたロシアの民衆を「地獄の民」である「タタル」どもの手から救いだし解放する「聖なる勲功《いさおし》」であるとされた。ツァーリは専制君主ではなく、神の使命によりつかわされたこの世の解放者であるとされた。

これには、「タタル」という悪者が必要であった。それにロシア正教による飾りたてがつけくわえられた。カザンやバシュキル、クリミアなどのトルコ系の住民は、「タタル」の名を意図しておしつけられた。

「タタルのくびき」は、ロシアにあっては、ながい歴史を通じて権力者の正当化と民族意識の昂揚のための手段であった。

## 5　元代中国は悲惨だったか

### 抑圧・搾取・人種差別はあったか

さきに、元代中国にかかわって、「常識」となっている負のイメージのいくつかにふれた。しかし、そもそも、モンゴルは在地支配にはあまり興味がなかった。

在地支配はそこでおこなわれていたやりかたや慣例にしたがった。反乱者は別にして特定の人々や集団を抑圧したり、弾圧したりすることはなかった。租税も、その土地の方法で徴収し、とくに高額であったわけでもない。ただ、ひとつだけ例外がある。

金朝がほろんでしばらくの間の華北でのことである。あらたに、銀で税をおさめるやりかたが導入された。その間隙《かんげき》をついて、ウイグルやムスリムの商業・金融業者が、銀を必要とする華北の農民たちに年利が複利計算で一〇〇パーセントという高利で貸しつけをしたのである。これは元金とおなじ額の利子が一年ごとにねずみ算式に親となり子となって倍・四倍・八倍・十六倍と巨大にふくれあがることから「羊羔利《ようこうり》」、すなわち「仔ひつじの利息」と呼ばれた。

モンゴルの中国支配というと、しばしばこのはなしがひきあいにだされる。しかし、「羊羔利」が猖獗《しょうけつ》をきわめたのは、一二三〇年代の後半から、せいぜい四〇年代のすえころまでであった。しかも華北のごく一部の地域にかぎられた。王朝滅亡という戦後のどさくさまぎれのときである。このことをもって元代中国のすべてが、無法な収奪のなかに一貫してあったかのようにいうむきもあるが、それは詭弁《きべん》である。

また、支配層であるモンゴルたちのほかには、とくに身分差や階級制度をもうけたことはない。最下層におかれたという「南人《なんじん》」が、とくに手ひどく虐待されたなどという事実は、みられない。それどころか、最上層にあったはずのモンゴルでも、王族や族長クラスは別だが、おちぶれて妻子をうったり、日やといの人々を募集する市場にみずから立ったりしたという事例もある。

そもそも、「モンゴル」という概念が、はなはだあいまいなものであった。チンギスの高原統一のときに参集した牧民とその子孫が「モンゴル」であるのは当然としても、それ以外のひとでも「モンゴル」となることがあった。モンゴル政権の一員となった各地の王侯、軍閥、在地有力者や官僚・軍人でも有能なものは「モンゴル」とされた。人種・民族は問わなかった。

キプチャク、アス、カンクリ、さらには「オロス」すなわちロシア人で、中国方面において「モンゴル」となった例はざらにある。元代中国についての「通説」でいう「漢人《かんじん》」で「モンゴル」とされた例も枚挙《まいきょ》にいとまがない。「南人」で「モンゴル」と認定された人物さえいるのである。

こうなると、「モンゴル」というのは、草創以来の牧民貴族の子孫を中核に、モンゴル政権に参画したさまざまな人種からなる為政者側の人々で、みずから、あるいはまわりが「モンゴル」だと考えたものとしか、いいようがない。理屈からいえば、たとえ家柄や出身が立派でなくても、人種やことばや顔だちがことなっていても、運と能力と実績のどれかさえあれば、「モンゴル」となることもありえたわけである。

有名な「元代社会の四階級」は、じつはかぎりなく誤解にちかい。「四階級」が実際に意味をもったのは、一三一四年より再開された科挙のさいに、この四つのグループによる区分けと合格枠の指定がされたくらいであろう。モンゴルは、人種・言語・宗教・文化のちがいに、ほとんどこだわらなかった。いいかえれば、ある特定のなにかの価値観や体系に特別のおもいいれをもたなかったといっていい。

**科挙と能力主義のはざま**

モンゴルの治下では、モンゴル政権との縁故か実力か、そのどちらかがあれば、だれでも登用された。能力主義・実務主義の人材選抜だった。

その点、中国在来の士大夫、読書人たちが、ある種の疎外感をもったとしても、仕方がなかったかもしれない。もともと中国において、士大夫たちは圧倒多数の農民や庶民にくらべ、ひとにぎりの社会・文化エリート層であった。

かれらは、科挙をうけて首尾よくそれを突破すると、官僚として出仕する。そして、王朝国家の支配・統治に加担し奉仕するかわりに、支配者側の人間として政治エリートの地位を保証される。そういう国家権力との一種の双務契約を慣習とした前提で生きていた。それは、王朝・政権の交代をこえて約束され、当然、無条件につづくものだとばかりおもいこんでいた。

その門戸が、科挙であった。ところが、モンゴル政権のもとでは、これまでの中華王朝ならば人間選抜の第一の基準とされた古典や文学の素養が万能とはされなくなってしまった。人間は、現実にやくだつ能力、実務にたずさわり処理する実行力こそが第一だとされた。憤慨する人がいたのは当然である。そうした不満が記録や文献にのこった。

しかし、ここで見のがしてはならないのは、現実の元代中国では、科挙はなくても、かなりの人数の中国人官僚がモンゴル政権につかえていたことである。高級官僚も相当いたし、宰相・大臣クラスまでのぼったものも、けっしてまれではなかった。かれらのほとんどは、いわば「推薦制」で登用されたのである。

「通説」では、モンゴルは無知蒙昧で、高度な中国文化など理解できなかったというが、じつは中華文化の教養人であれば、三顧《さんこ》の礼《れい》をつくしてむかえ厚遇した。旧南宋国の学者・文化人でも、すぐれた人物はどんどん招聘《しょうへい》した。モンゴルは、じつに人材選抜に敏感であったし、熱心であった。この点、これまで誤解がある。

不平をこぼしたのは、科挙のかたちをとった王朝と社会・文化エリート層との奉仕と立身という「もたれあい」でなりたっていた士大夫・読書人たちであった。

しかし、考えてみると、科挙全盛の時代であったと賛美されがちな宋代でも、実際には官僚のなかば以上は科挙以外の手段や経路で身をおこしている。先祖が高位高官だった場合にあたえられる「恩蔭《おんいん》」を利用するものはずいぶん多かった。軍事上の功績の見かえりである

「武功《ぶこう》」や、はては現金や物資をさしだして、まさに官位官職を買いとる「買官《ばいかん》」もかなりいた。従来、「科挙」は実態より大きく見られすぎている。

もちろん、科挙が中国の文化伝統や文明意識に占めるシンボリクな意味は軽視できない。かといって、われわれが「中華意識」のとりこになって、科挙の停止や低落を中国文明の不幸だとなげいたり、過度に強調するのもおかしいことである。

**元曲が語るもの**

元代社会の負のイメージをささえているもうひとつの庶民文化についての評価はどうだろうか。

「通説」では、モンゴルの士大夫にたいする冷遇が興隆の要因となったといわれる代表例は、「元曲」である。ところが、最近の研究によれば、元曲は元代中国ではじめて出現したものではなく、元代よりもずいぶんまえから存在していた。モンゴル治下の、中国士大夫・文化人が抑圧される特殊な状況だからこそ生まれたのだ、という奇妙な説明はなりたたない。むろん、士大夫・読書人たちの鬱屈したエネルギーの産物であるとする解釈も無理である。

出現の時期だけでなく、その実態のほうも、庶民のみを対象としたいささか低級で鄙俗《ひぞく》な面もある大衆芸能と、単純にわりきってかんがえられるかどうか、疑問視されている。ながらく文語の世界であった中国文学の大流のなかに、口語で台本が書かれ演じられるものが出現したのだとかつて素朴に感激された。そして、そのあまり、「異民族王朝」モンゴル治下という伝統中国文化人には肯定をためらわざるをえない歴史状況との折りあいが気になった。そのため、妙なはなしをひねりだし納得していたのである。それは研究の発展の一段階のことであって、いたしかたない。しかし、もはやその設定も無理も必要なくなった。

元曲をとりまく状況を特別な先入観をもたずに素直な気持でながめれば、それ以前からすでにあった口語体による舞台演劇が、モンゴル時代という時をえて、いっそう活発で華やかに社会の各層で歓迎され流行したということである。ただ、それだけのことである。

モンゴル時代の中国は、素直な目でさえあれば誰の目にも歴然と、経済・文化・社会の全般にわたって活性化がいちじるしい。中国をとりまく国境の壁はまったくなくなり、中国本土の南北を長いあいだへだてていた政治対立による緊張も、もはやとけた。

人々の活動や意識を拘束し制約してきたさまざまな「わく」は、ふりはらわれた。人々は解放感にひたり、以前にもまして自由・闊達《かったつ》な気風にあふれた。その結果、上下をとわず、おなじ娯楽をたのしみ、興じるゆとりと幅がひろがったのだろう。もともと、北中国でさかんであったのが、江南接収後、杭州を中心に南でも急速に流行し、「南曲《なんきょく》」といわれたのは、南北のかきねがとりはらわれたからこそである。『水滸伝《すいこでん》』のもとも、このころつくられた。『三国志演義《さんごくしえんぎ》』のもととなる『三国志平話《へいわ》』も、おおいに流行した。文化や学芸がおとろえたどころか、質量ともに、いっきょに活況にむかったのである。

## 6　非難と称賛

### 文明という名の偏見

いつとはなく、モンゴルのイメージがつくられ、人々の心に定着した。イメージが強烈すぎて、本当の姿が見えてこない。

「歴史責任」の所在をあきらかにするというのは、たいへんむつかしい。そもそも、「悪行」とされたことが、歴史の現実の場面で、はたして本当にどうであったのか、誰の目にも疑いなく、ゆるぎなく確定するということは、尋常ではない。

その点、モンゴルは不幸であった。かれらは古今を絶する巨大な活動範囲をもったばかりに、その実態をわかってもらうことが、はなはだむつかしくなった。あまりに巨大すぎたのである。

かれらがいったいなにをし、なにをしなかったのか。ごく簡単なことも、なかなかわからない。まして、それらを集成して、前後の時代と見くらべ、適正に判断することなど、とても無理である。

モンゴルにたいするさまざまな負のイメージは、「文明」というものにからんで、人々が心のなかにいだいている意識や感情が、作り上げたようにおもえてならない。たとえば、中国である。モンゴルを野蛮・非文明だとののしることは、すでにモンゴルが歴史の表舞台に登場したモンゴル統治時代の当初からみられる。ただし、非難したのは読書人の一部であった。

これにたいして、モンゴル政府のほうからは、これといった動きはなされていない。弾圧したとか、言論統制をおこなったとかいう事実はみられない。この点について、なぜか従来ほとんどなにもいわれていない。

明代でも、前半までは意外なほどに元代社会をみとめる論調が目につく。たとえば、葉盛《しょうせい》の『水東日記《すいとうにっき》』を見ると、元代のことがら全般をさまざまに論じて、事実を率直にみとめ、謙虚に学ぶべきは学ぼうとしている。称賛する場合もかなり多い。

明朝の政府は、とくに洪武帝朱元璋《こうぶていしゅげんしょう》がモンゴル政権を北に駆逐して中国の王者となったため、中華主義を国是としてうたい、反モンゴルの姿勢をかかげた。しかし、これはたてまえというか、政治上のプロパガンダにちかい。もとより、そうした権力者のたてまえにおもねった文章はたくさんあるが、「胡元《こげん》」(えびすの元王朝)といった表現上のことにとどまっている。この程度のこびやへつらいは、中国史上ではふつうである。

ところが、明代も中期をすぎると様相がかわり、前王朝への非難がひろくたかまりだす。その背景には、根拠や中身のとぼしい空疎な哲学論が好まれた風潮がある。もちろん、内蒙古トメト部のアルタン・カンが北京を包囲し、明朝は本気で南遷をかんがえるなどの、いわゆる「北虜《ほくりょ》」の脅威が深刻となったこともある。

しかし、モンゴルへの悪評が決定したのは清代であった。満州族を中核とする清朝は、中国士大夫・読書人から「夷狄《いてき》」とよばれるのをひどく嫌った。いらいらと評判を気にし、文字のひとつひとつにもこだわって、すこしでも批判や悪口らしきことがあれば、すぐに投獄・処刑した。その累《るい》は、一家・眷属《けんぞく》にまでおよんだ。いわゆる「文字の獄」である。

この結果、清朝への批判や陰口は姿を消した。そのかわり、おなじ「夷狄」であるモンゴル元朝が標的となった。清代の士大夫・読書人たちは、個人の著作や文書・書簡にまで検閲の目をひからせる清朝政権への非難のかわりにモンゴル元朝への悪罵を好んだ。清代の考証学は、「文字の獄」の反動から、こまかい議論を好むくせがあったが、もうひとつの共通した習性としてモンゴル元朝をいみきらい、元代の文化や学術についても野鄙《やひ》で低俗だと口をそろえた。

その源流は、おそらく明末、清初の大学者顧炎武《こえんぶ》である。明の遺臣《いしん》を気取ったかれの場合は、清朝への軽視をひそませて、表面は元代モンゴルをそしり、あざけった。あきらかに意図していた。それが、その後の考証学のファッションとなった。

銭大昕《せんたいきん》のように、率直にモンゴル時代の重要性をみとめ、中国の歴史と文化をそっくりすくいとるかたわら、生涯のなかば以上をモンゴル時代の研究にかたむけた人もいた。しかし、かれのような真の大学者はまれである。そういう識見と能力、そして気力をあわせもつ人は、古今を通じてまずいない。ロシアの脅威が現実化すると、いわゆる「西北《せいほく》の学《がく》」がもとめられ、その一環としてモンゴル時代の研究もおこなわれるようになったが、もはやモンゴルとその時代にたいする偏見と蔑視はうごかしようもなかった。つまり、中国における悪評は、清朝二百数十年間の成果であった。

## 極端な美化という反動

反対に、モンゴルとなると、やたらとほめる動きがある。その傾向は最近になって特にはげしい。

もともと、近現代の史家でモンゴルをそしることに熱心であった人でも、十三世紀の後半からにぎやかとなる空前の東西交流については否定できなかった。

ヨーロッパの歴史家は、カルピニ、ルブルク、シモン・ド・サンカンタン、モンテ・コルヴィノらキリスト教関係者や、いわゆるマルコ・ポーロ、オドリコら「旅行者」の記録に熱中し、おおいにこれを喧伝した。

また、十四世紀の前半に、いろいろいわくのあるマルコ・ポーロよりも、確実で、行動範囲もはるかにひろい空前の「世界旅行」をしたムスリムがいた。モロッコのタンジール生まれのイブン・バットゥータである。彼の旅行記は、もとよりイスラーム史家に好まれた。

さらに、中国の学者たちは、中国の文物・美術・工芸が西方世界に大きな影響をあたえたことを強調した。元代中国にはユーラシア世界の各地からいろいろな人がやってきて中国を賛美した、と主張した。

こうしたイメージは、誤解・偏見や意図した憎悪がないまぜになった「モンゴルの大破壊」という片方の大テーマとは、ちがいすぎていた。

そこで、できたのが、「パクス・タタリカ」、ないしは「パクス・モンゴリカ」という造語である。これはアウグストゥス時代からおよそ二世紀のあいだ古代ローマ帝国が地中海世界を力で支配し、安定した秩序をもたらした——とその支配を賛美する当時の詩人と後世の歴史家が、ラテン語で「パクス・ローマーナ」、すなわち「ローマの平和」と名づけ、それがのちヨーロッパ史の分野で一世を風靡したのにちなんでいた。

「パクス・タタリカ」は、「タタルの平和」、「パクス・モンゴリカ」は「モンゴルの平和」の意味である。「パクス・タタリカ」は、「タタル」と「地獄《タルタロス》」のダブル・イメージのことばだから、「地獄の民」がもたらした「平和」というパラドクスの皮肉がある。

しかし、「パクス・タタリカ」、あるいは「パクス・モンゴリカ」といってもなにも解決していない。実際のところ、前半で人類史上の災厄であったとモンゴルの侵略を語り、後半でユーラシア史上で未曾有《みぞう》の大交流がおとずれたと語るこれまでのモンゴル帝国史を、いったいどう判断したらよいのか。

あらかじめ結論めいた評価を頭のなかに用意して、造語やイメージをおしうりするのは、誤解のもとであり、混乱を拡大するばかりである。

歴史において、不当な過小評価や曲解、理不尽な非難や断罪は、よくない。しかし、かといって、いきすぎた評価や美化、わけのわからない賛美や称揚《しょうよう》も、おそろしい。どちらも、おもいこみであったり、ためにするものであったり、ときにはそれと承知の嘘でもあったりするからである。

現代の価値観やイメージを過去にあてはめすぎたり、そのときどきの都合によって解釈しても、本当にあった歴史とは遠くなるだけである。

## 7　世界史とモンゴル時代

### ふたしかなシステム論

さいきん、歴史学の分野をある考えかたが席捲している。「世界システム」という考えかたである。

これは、よく知られているように、米国の社会学者I・ウォーラーステイン氏がいいだし、その大著『近代世界システム』などでくわしく述べたものである。わが国では、西洋史研究者の川北稔氏が紹介し、日本語訳も氏によりなされている。

要約すれば、十六世紀以降、世界が完全にひとつになってしまった現代になるまで、西欧を中心に、地球上の各地はしだいにひとつの「世界システム」の体系のなかにとりこまれ、意図するとしないとにかかわらず、全体でひとつのものとして機能していたという考えである。

ポイントは、生産と流通にある。たとえ、地球上の各地は、それぞれ農奴制や奴隷制プランテーション、古めかしい段階やかたちをとっている場合でも、それはグローバルな分業体制にもとづく「ヨーロッパ世界経済」の一部として機能している、資本主義世界体制のなかの「辺境」だとする。そこが生産のためのさまざまな原材料を提供し、それらが近代西欧にはこばれて、そこで製品として生産されたうえで、さらにその製品が各地に運ばれて買いとられる。つまり、西欧における生産を頂点に、地球上の各地は見えざる手でそれぞれの役割をはたし、全体でひとつのシステムとしてリンクしていたのだ、という主張である。

ウォーラーステイン氏は、十五世紀すえからの「大航海時代」にその発端をもとめ、現代にいたるまでの「近代」をそのシステムが実現・展開してゆく過程だとする。とくに、その途上で、西欧中核国家のなかから、十七世紀なかごろにオランダ、十九世紀なかごろにはイギリス、そしてヴェトナム戦争まではアメリカという「ヘゲモニー」にうらづけされた「覇権国家」が出現したとする。そして、アメリカの「ヘゲモニー」が後退した現在は、五百年にわたるこのシステムが混迷のなかにあると考える。

まことに壮大な歴史論である。大量生産社会の出現を射程におき、生産活動を縦糸に地球の「世界化」を、ありとあらゆる利用可能な歴史データを集大成してのべつくそうとする迫力は、読むものを圧倒してやまない魅力がある。

ウォーラースティン氏のこの説に魅了される人が多いのは、当然のことであろう。ここで、それにたいして反撃をこころみるつもりはない。ただ、いくつか気になる点はある。

生産と流通をキー・ワードにしているが、反対に消費を中心としても別の体系がなりたつのではないか。

たとえば、氏によって、十八世紀後半以降、「ヨーロッパ世界経済」の「辺境」とされたかのように位置づけられている清代中国にとって、じつは西欧の製品は周辺各地からもたらされる「粗悪な品」のひとつでしかなかったといわれている。富と覇権は、生産と流通の側面に集中するとする西欧流の考えや価値観が、かならずしもここでは有効とはかぎらない。アジアのほうから見ると、西欧中心の立場でわりきりすぎている。

それに、使われるデータそのものの質と信頼性である。各分野の歴史研究者は、それぞれの研究状況や段階のなかで仕事をしている。データは均質であるはずはない。とくに、アジア史に関する氏の根拠や理解は、気の毒なほど乏しい。そのため、論点がヨーロッパとアメリカを出ると、途端に胡乱《うろん》となる。

氏の考えにとって、もっとも肝心なことでひとつだけとりあげる。氏は、「ヨーロッパ世界経済」の出現以前、すでに「世界システム」はいくつかあったと、予防線をはる。それらはすべて、「世界経済」から「世界帝国」へ、かならず移行したという。「帝国」とならなかった「世界経済」は、氏がとなえる「ヨーロッパ世界経済」しかなく、そこに「近代世界システム」のユニークさがあると主張する。

しかし、これはおもいつきにすぎないだろう。氏が既存の例のひとつにあげている中国では、「世界帝国」（この用語が適当かどうかは別である）がまずあって、「経済」はずっと遅れた。小地域をこえた中規模の流通や経済状況でさえ、「帝国」の強制力がなければ、じつはなかなかすすまなかった。「中国」を「中国」たらしめたのは、秦漢帝国いらいの政治権力が、なによりもの要因であることは、常識である。「世界経済」というような状況、まして「世界経済」が「世界帝国」に先行して存在することなど、とてもありえない。

これは氏の立論全般にいえることだが、図式主義が、かちすぎている。ひとつひとつの局面における歴史への洞察は、うすい。とくに、東アジアや中央アジア、さらには中東イスラーム世界やロシア方面についてさえも、基本の歴史知識や認識を欠く。率直にいって、アジア史研究者からすると、変わらぬ欧米型の発想としか見えない。歴史研究における東と西の「さけめ」は、やはり発想レヴェルでさえ埋めにくいのか、とあらためて痛感する。「世界」全体にわたる説得力をもつのは、むつかしい。

そもそも、アジア史のすべてを見わたすためには、これからまだまだ厖大な基礎研究が必要である。おそらく百年では足りないだろう。今の時点で、ヨーロッパはともかく、アジア全体をもふくめたグローバルな視野で総括しようとするのは、大胆すぎる。だから、いくらコンピューターで集成しても、データ自体が不十分で玉虫色では仕方がない。それに、自分の目で原典に直接ふれていないデータを信用することは、歴史研究者のひとりとしてひどく気になる。

とはいえ、ウォーラーステイン氏の考えかたが、欧米の人々や西欧中心主義に立つ人々を勇気づけるのはまちがいない。かれの雄壮な総合化作業が出現すると、いろいろな人がそれに触発された。そのうちのひとつの傾向に、「近代世界システム」のようなグローバルな「世界システム」はもっとまえからあったとする主張である。

アジア史でいうと、イスラームの出現と隋唐帝国の形成をむすびつけて、それをヨーロッパ史とリンクさせようという人もいる。それを側面からささえるのは、「シルク・ロード」である。そこでは、「シルク・ロード」が本当にあったかなどは問題とならない。

誰が見ても、いちばん説得力がありそうなのは、まさにモンゴル時代である。ユーラシアのかなりの部分が同一の主権のもとにおおわれたのだから。「パクス・モンゴリカ」は、モンゴル時代の「世界システム論」「ヘゲモニー国家論」の先駆者である。とうぜん、複数の人が十三〜十四世紀にこそ、「世界システム」はあったと主張しだしている。

ウォーラーステイン氏は、こうした主張にこまっているかもしれない。氏の視野には、モンゴルは存在していない。もし、これから学習しようとしても、モンゴル時代に関して利用すべきデータの原典は二十数ヵ国語にわたるし、だいいち東西の専門研究者の仕事は、まったく別の歴史像をえがきたがっている。それに、モンゴル時代にグローバルな「世界システム」があったとなると、西欧優位の前提と目標がくずれてしまう。

十三〜十四世紀に、「世界システム」があったとする最近の主張について、こまかく触れるつもりはない。ただ、そうした動きを代表するある欧米人の著作について、米国のモンゴル時代史の専門研究者であるM・ロッサビ氏が、おもしろいけれど、事実のあやまりと誤解にみち、なんのたしかな根拠もない、はなしの材料は、ごく簡単にあつめられる安直なものばかりだ、と評しているのに賛成するだけである。

歴史の仮説はいくら提出してもいい。そのたびに修正され、別の新仮説が出てくる。しかし、最近のできあいの「世界システム論」は、「おもいつき」の域を出ない。責任と根拠のほうは専門の歴史研究者まかせである。ロッサビ氏のことばは、当然である。

モンゴル時代史についてのこれまでの研究は、東西ふたつのグループがすみわけてきた。モンゴル帝国とその時代にかかわる文献史料は二十数ヵ国語にわたるが、なかでも漢文とペルシア語が双璧《そうへき》の二大史料群であったからである。

おおむね、欧米・ロシア・トルコ・イランなどの「西方」の研究者はペルシア語を中心にラテン語などその他の「西方史料」をおもにあつかってきた。いっぽう、日本国・中国などの「東方」の研究者は、「東方史料」の柱である漢文史料を主力としてきた。こうした状況は、「東西」の研究者が、それぞれ得意な文献をよりどころにして、一種の「国際分業」をしてきたともいえる。

しかし、じつはふたつのグループのめざそうとするところは大きくことなっていた。そのため、ふたつの歴史像がならびたっているといってもいいすぎでないほど両者のちがいは大きい。ふたつの像を接合すれば済むものではない。

「東方」での研究は、極端に「東方」、とりわけ中国にかたむいたかたちでおこなわれてきた。たとえば、チンギス・カンを中国史上の人物とする発想なども、このたぐいである。モンゴル帝国史は、中国史と大差ないあつかいとなる。

かたや「西方」での研究は、モンゴル帝国の東西へのひろがりを重視した。イラン方面の「フレグ・ウルス」や西北ユーラシアの「ジョチ・ウルス」、中央アジアの「チャガタイ・ウルス」などはもとより、とりわけヨーロッパやエジプトのマムルーク朝などとの「国際関係」が話題となりやすかった。

このふたつのあいだをつなぐのが、「東西大交流」であったはずなのだが、ともかく漢文史料とペルシア語史料とのへだたりは、じつに大きすぎた。現在の欧米を代表する専門研究者であるイギリスのD・モーガン氏は、この分野を研究するには「どちらかで書かれた史料にもとづいて研究をすすめるか、決めなければならない」という。たんにことばや文字だけの問題でなく、それぞれふたつの文献群が背負っている巨大な文化伝統がまったくことなるためである。

ただし、わが国ではモンゴル時代史・イスラーム史研究の泰斗である本田實信《みのぶ》氏により、従来の東方史料中心の状況のうえに、ペルシア語原典からの歴史研究がはじめられ、しだいにふたつの史料の壁がのりこえられだしている。とはいうものの、やはりなにぶんにも数多い言語による厖大な史料の山がそこにはある。それらは世界各地にちらばり、まだ発見されていないものも十分に予想される。

モンゴル時代の研究は、世界中で百五十年ほどの厚みがあり、アジア史研究のなかでは屈指の質量がある。それでも、いまわかっていることは、ほんのわずかである。史料の壁と言語の壁、ひょっとするとそれ以上に大きいかもしれない意識の壁。——事実の探求はまだはじまったばかりなのである。

## 世界史への視角

ウォーラーステイン氏は、その「近代世界システム」を十五世紀末からはじめている。「大航海時代」を皮切りに西欧が海へのりだし、「世界」が「世界」となる時代がはじまるという観念が当然視されているからである。

新大陸がおもにヨーロッパ勢力によって、ユーラシアとアフリカにむすびつけられてゆくのは事実である。それは「人類史」にとって重大な意義のあることである。

ただし、それをヨーロッパとアジアの間についても、おなじようにわりきろうとするのは、当然に異論が出されている。たとえば、ヴァスコ・ダ・ガマのインド洋航路の「発見」が、アラブ海上勢力によってすでに作られていたルートを利用したにすぎないという意見がある。また、ヨーロッパの海上支配といっても、とくに組織化はされていなかったけれどそれなりに既存の競争相手がいたアジア方面では、ポルトガルといい、イスパニアといい、さらにオランダ、イギリスといっても、十八世紀になるまでは自分たちで高らかにいうほどには、じつはあまり大したことはなかったといわれる。しかし、それにしても「大航海時代」が「人類史」において、ひとつの画期であることはうたがいない。

では、そのいっぽう、ウォーラーステイン氏にかぎらず、これまでのすべての西欧中心史観が事実上サジをなげてかえりみない「大航海時代」のまえまでのじつに長い時代についてはどうなのか。これは当然の問いかけである。

さきほど述べた七~八世紀の「世界システム」説や十三~十四世紀のモンゴル時代「世界システム」論が、その当否や根拠の有無はともかくとして、となえられるだけの心理上の理由や歴史上の背景はそれなりにある。

従来の西欧中心の「世界史」では、「大航海時代」までは、世界はいくつかの「文明圏」にわかれており、多少の交渉はあったものの、ほとんど孤立にちかかったと、いいきるかのようである。

たしかに、ある「文明圏」で展開した歴史現象が、それが実際には他の「文明圏」とかかわりがあったり、またはまったく相互の連環のもとでおこなわれていたとしても、複数の「文明圏」にわたる文献と視点とを現実にはほとんどもちえないことが壁となって、結論としてはそれぞれ別の「文明圏」の枠のなかにとどまるものとして処理されざるをえない。その結果、なにが通有《つうゆう》のことがらで、なにが特殊であるのか、確定しがたい。

ところが、ながいあいだ人類の営みのおもな舞台であったユーラシアの歴史のうえで、きわめてまれな例外として、ユーラシアの中央部をおおう史料の雲が晴れ、東西の世界を文献のうえからもひとつのまとまった姿で眺められる時代がある。それは、モンゴル時代である。

もとめれば、たしかな証拠がもとめられる。そして、もとめようとするだけの史料の壁と言語の壁をのりこえることができる状況が、いまようやく開けつつある。それが成就したとき、「世界史」は西欧中心史観とはまったく別の、もうひとつの全体像を真の意味でえることができるだろう。

ただし、みちのりはもとより、はるかに遠い。その旅は、世代をこえ国境をこえて、ながくつづけられなければならない。文献をおもなてがかりに、おそらくはほとんど書斎に閉じこもり、過去の世界へと時空をこえる内なる旅となる。

本書は、はるかなる旅の入口でためらい、たじろいでいる人間のほんのささやかなこころみのひとつにすぎない。もとより、それはあくまで仮説の提示にすぎない。性急に結論を出そうとするものではない。もともと、それは無理である。

モンゴル時代という「世界史」「人類史」のうえできわだって特別な意味あいをもつ「時代」について、非難でも称賛でもなく、「すくなくとも、こう考えざるをえない」ということを提示したい。本書のこれまでの部分で、従来当然とされてきたかず多い「定説」「常識」という名の誤解に、ほんのすこしばかりの異論をとなえたのも、そのためである。

そして、これからの部分では、モンゴルがつくろうとした国家と経済のシステムについて、ささやかな私見を述べたい。それは、チンギス・カンの孫のクビライが構想した世界国家「大元《だいげん》ウルス」と、それを中心とするかつてない世界通商圏につつまれたユーラシア世界についての仮説である。

＊フビライとクビライ、ハーンとカン、カアン

ユーラシアの中央域に展開した遊牧民とその社会・国家において、それなりの人間集団の長をトルコ語・モンゴル語で「カン」といい、さらに数多い君長たちの上に立つ至高の存在を「カガン」ないしは「カアン」といった。モンゴル帝国では、第二代皇帝のオゴデイのときから「カアン」と名乗り、帝国を構成する他のウルスにおいてはその当主はあくまでカンとのみ称した。よ

うするに、モンゴル帝国は、ひとりのカアンのもと、複数のカンが率いる二重構造の多元複合体であったのである。

なお、従来しばしば、カアンとカンの違いと使い分けについて、研究者のなかで理解が不十分であったため、たとえばすべてをハーンと表記したりした。また、「カ」と「ハ」の違いは、おもに日本語表記の限界にもとづく。原音は「カ」と「ハ」の中間であり、時代と地域によっても異なるが、モンゴル時代においては、より「カ」に近い音だったとおもわれる。日本では「フビライ」「ハイドゥ」と表記されることの多い人名を、本書では「クビライ」「カイドゥ」としているのも、この方が当時の発音に近いと思われるからである。

# 第二部　世界史の大転回

## 1　世界史を変えた年

### アイン・ジャールートの戦い

西暦一二六〇年。——この年は、世界史を変える年となった。

チンギス・カンが高原を統一した西暦一二〇六年より、すでに半世紀以上の歳月がながれていた。モンゴルは、チンギスの孫の世代に入り、ユーラシア大陸の多くは、いまやモンゴルの手のなかにおさまるかに見えていた。

モンゴル皇帝は、第四代のモンケ。チンギスの末子トルイの長男であったかれは、一二四九年と五一年の二度にわたり推戴と即位のクリルタイ、すなわちモンゴルの国会をひらいて反対派をおしきり帝位をえた。そして、ただちに帝国の全域において人口調査と戸籍の再調査を命令した。そのいっぽう、東西ふたつの大軍事作戦を企画した。

そして、一二六〇年。ユーラシアの東西で、ほぼ時をおなじくしてふたつのことがおきた。

西では、バグダードのアッバース朝カリフをたおしたモンゴル西征軍が、シリアに進攻していた。主将は、皇帝モンケの五番目の弟フレグ。五番目とはいっても、父トルイの正室として、その賢明さが帝国全土になりひびいていたソルコクタニ・ベキの四人の実子のなかでは、三番目であった。すぐ上の兄がクビライ、すぐ下の弟がアリク・ブケである。

モンケを筆頭とするこの嫡出の四兄弟は、一致団結して帝国のあらたな大事業をおこそうとしていた。フレグひきいるモンゴル軍の到来に内心おびえながらも、この地上にいるイスラームを信奉するものすべての「信者の長」として精一杯の虚勢を張ったアッバース朝の第三十七代カリフのムスタースィムは、滅ぼされるまえに幾度かフレグとの間でかわされた外交書簡のなかで、ときのモンゴルを「兄弟たち」がひきいるもの、と表現している。モンケ四兄弟のことである。モンケという名は、モンゴル語で「永遠、とこしえ、長寿」を意味する。ただし、彼の権力は永遠のものとはならなかった。

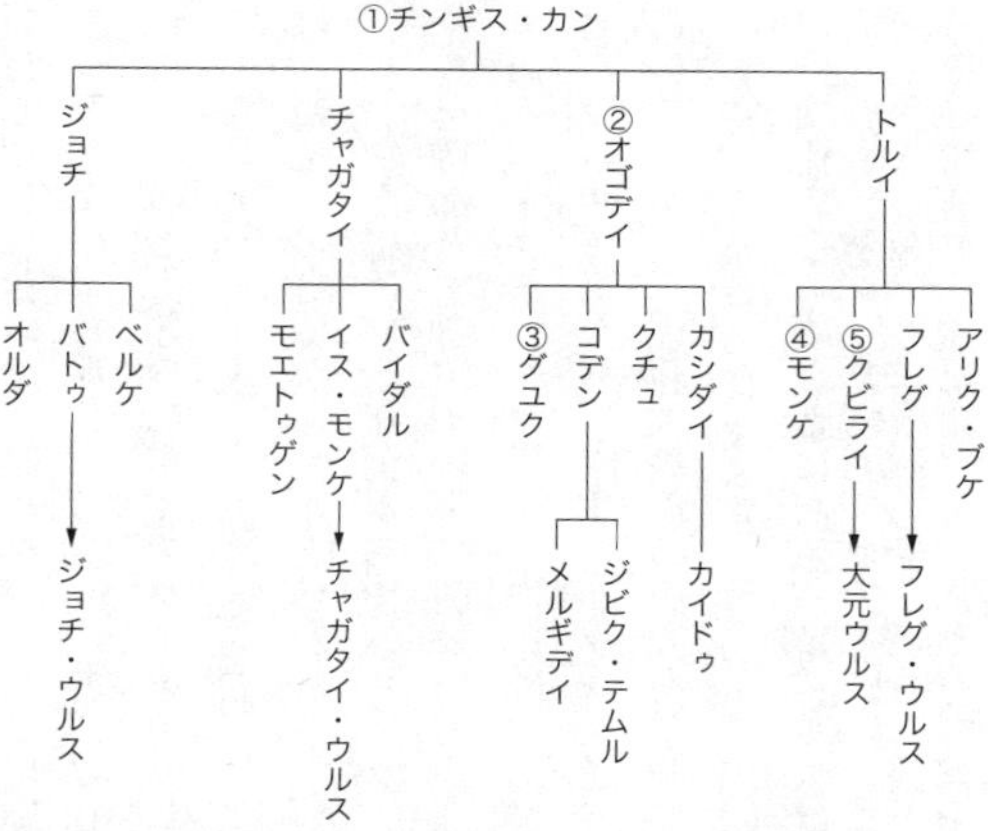

大カアン家の略系図　①〜⑤は大カアンの継承者

フレグが北シリアに入り、拠点都市のアレッポをおとしたとき、長兄モンケの崩御のしらせがとどいた。フレグは、すぐに旋回を決意した。ナイマン族出身のキト・ブカがひきいる先鋒部隊一万二〇〇〇は、すでにモンゴルの麾下《きか》に入ったムスリム勢力や十字軍国家からの部隊ともどもにダマスクスを包囲していた。フレグは、キト・ブカに残留を命じ、はるかなるモンゴル本土への帰還をめざして、西北イランへの道をとった。フレグの胸中には、帝位への野望があったといわれる。

エジプトには、十年前からマムルーク、すなわち軍人奴隷による政権が成立していた。カイロを首都とするアイユーブ朝は、一二五〇年、エジプトに侵攻したフランスの聖王《サン》ルイひきいる「十字軍」をマムルーク軍団の力で撃破し、ルイ九世自身をとりことした。その直後に、マムルークたちはクー・デタをおこし、政権をにぎった。マムルーク朝についてのくわしいデータは、佐藤次高《つぎたか》氏の研究を参照いただきたい。

当時、カイロにはマムルーク朝の第四代スルターンとなっていたクトゥズがいた。そして、次代をひらくことになるバイバルスは、聖王ルイの捕獲という成功をもたらした中心人物であったが、その後かえって警戒され、シリアでの苦節の数年ののち、モンゴル来襲という緊急事態の出現によって、ふたたび浮上の機会をえた。

ダマスクスを制圧したキト・ブカは、軍をやすめることなく、そのまま南下をつづけた。マムルーク軍も、迎撃のため北上した。ときに、一二六〇年九月三日。

両軍が会戦した場所は、パレスティナのバイサーンとナーブルスのあいだであった。そこを流れる小さな水の上源を、アラビア語で「アイン・ジャールート」といった。「ゴリアテの泉」の意味である。

会戦は、意外にもマムルーク軍が勝ち、モンゴル軍は敗れた。ネストリウス派キリスト教徒であったといわれるモンゴルの将キト・ブカは、乱軍のなかで討死したとも、あるいは捕虜となったのち、主人のフレグへの忠誠のことばを吐いて殺されたともいわれる。主将をうしなったモンゴル軍は総くずれとなり、すでに確保していたはずの足場もつぎつぎとうしなって、ついにシリアをあとにする。

**戦いのあと**

一説に、アイン・ジャールートのあたり一面は砂泥におおわれていたため、モンゴル軍はいつものように自在に展開することができず、馬をおりて戦ったといわれる。しかし、それが敗因であったかどうか、真偽はさだかでない。

モンゴル軍は、「騎馬軍団」といわれているが、しばしば下馬して戦っている。長距離移動の機動性、つまり「足の長さ」と、戦場における騎馬の有効性、すなわち「足の速さ」とは、かならずしもおなじでない。この場合、マムルーク軍も騎馬軍団であった。そして、もし砂泥で足もとをとられたとしたならば、その条件はマムルーク軍もおなじであったはずである。

ひとつには、キト・ブカひきいるモンゴル軍は、疲れきっていた。一二五三年、フレグ本隊がモンゴル本土を出発するよりも一年以上もまえに先発し、それからずっと戦闘の前面にたちつづけてきた。というよりも、戦闘はほとんどこの部隊だけが、一手にひきうけてきた。移動と戦闘で疲労困憊《こんぱい》していたのは、まちがいない。

それに、キト・ブカは、大きな失敗をおかしている。フレグ本隊がいなくなったからには、兵をうごかさず、シリアの確保に専念すべきであった。後詰《ごづ》めの軍がまったくいない状況で、不案内な敵地に単独で兵をすすめること自体がおろかであった。そのため、いったんモンゴルになびいていた東地中海沿岸部の諸勢力まで危機においこみ、ついにはシリアを永遠に確保できないもとをつくった。戦略上も、拙劣であった。

しかし、おそらくなによりも、エジプトのマムルーク軍団が強力であった。それが、すべての要因をこえて、第一の理由であった。まず、兵数は双方がつたえる記録がひと桁ちがうが、おそらくは多少ともマムルーク軍のほうが多かったようである。そのうえ、マムルーク軍の兵士の多くは、西北ユーラシア方面を故郷とするトルコ系の人間であった。ようするに、トルコ系の騎馬戦士からなるマムルーク軍団とキト・ブカひきいるモンゴル軍とは、似たものどうしであった。連戦連勝のあげくに疲れきって、戦線も伸びきったモンゴル軍。いっぽう、戦備・補給も十分で、エジプトとイスラーム防衛のため戦意もさかんなマムルーク軍。それがエジプトをそう遠くはなれないパレスティナで正面から激突した。結果は、モンゴルの敗北であった。

この会戦は、できごとそのものの規模でいえば、それほど大がかりとはいえない程度のものであった。これくらいの会戦ならば、ほかにもざらにあるだろう。しかし、会戦そのものよりも、それが歴史上にあたえた影響と意味において、じつに大きなものがあった。

まず、破滅の淵においつめられていたかに見えたイスラーム世界は、息を吹きかえした。マムルークは、エジプト国内では異邦人の軍事政権であった。実権をにぎってから十年がたっていたが、仲間どうしの内輪もめや権力闘争がさかんで、長期政権にならないと見られていた。

しかし、いまやマムルークたちは、イスラームとエジプトの救世主となった。かれらは、エジプト民衆の歓呼のなかをカイロに凱旋した。そして、こののち、モンゴルのゆく手に立ちふさがる強力な壁として、その西進をくいとめることとなった。

不敗と信じられていたモンゴル軍が、理由や状況はともかく、誰の目にもあきらかなかたちで完敗を喫したことは、モンゴルにとってはかりしれないダメージとなった。モンゴルはそれまで、殺戮と破壊の噂をわざと自分のほうからも流し、恐怖にみちた無敵の軍隊であるかのように演出してきた。もはや「恐怖の戦略」は通用しなくなった。人々は、モンゴルの実像を知ってしまったのである。

一二〇六年のモンゴル国家の出現以来、半世紀以上にわたったモンゴルによる「恐怖の時代」は、ユーラシアの西半分では、ここでほとんど幕をおろした。そして、これ以後、モンゴル自身の多極化によって、このときのような大西征はもはや不可能となった。モンゴルにとっては、陸上のルートによって、シリア・エジプト以西の地を直接の影響下におくことはできなくなった。ついに、軍事力による「西方世界」との接合は、実現しないことになった。しかし、こうした新状況は、こののち東方に新型の「大カアンのウルス」を建設することになるクビライに、まったく別の「世界政策」を構想させる見逃せない条件となった。それは、陸上だけではなく、海のルートをも使い、武力ではなく、通商によってむすびつけられた「ユーラシア交易圏」とでも呼ぶべき構想であった。

## ふたつのモンゴル・ウルスの対立

アレッポより旋回したフレグ本隊は、アゼルバイジャンまでひき返した。そのとき、すぐ上の兄クビライの即位の知らせがとどいた。フレグは、イランにとどまって自立することを決意した。歴史上、これをもってフレグ・ウルスの成立とする。

その領域は、のち多少の変動があったものの、東はアム河から西はアナトリア高原までをおおった。これは、いにしえのアケメネス朝にはおよばないものの、ほぼササン朝の領域に匹敵する。イランはモンゴルによって、ササン朝の滅亡以来、数百年にわたって失われていた「イーラーン・ザミーン」、すなわち「イランの地」の理念と現実をふたたびとりもどした。

ところが、ここであたらしい政治問題が浮上した。フレグが西征軍の主力をもって、そのままイランの地に自立する姿勢をあきらかにすると、カフカズをはさんで北のジョチ・ウルスが急速に対立の姿勢をふかめた。もともとフレグの西征にあたって、軍隊の一部を供出していたジョチ一門は、イランをモンゴル帝室の共有物とみなし、とくに西北イランのアゼルバイジャンを欲した。しかし、豊かな草原がひろがるアゼルバイジャンは、フレグ・ウルスにとって「腹裏《ふくり》の地」、すなわち心臓部であった。ふたつのモンゴル・ウルスの対立は、宿命のものとなった。

このモンゴルどうしによる南北対立は、アイン・ジャールートの戦いののちクトゥズを殺してエジプトのマムルーク朝の主人となったバイバルスにとって、絶好の外交環境となった。かれは、フレグ・ウルスより脱出してきたジョチ家の軍隊をうけいれるいっぽう、海路を通じてヴォルガ河畔の「黄金のオルド」との接触をはかった。

陸上のルートは、フレグ・ウルスがおさえていた。いっぽう、海上ルートの「のどもと」に位置するコンスタンティノープルには、一二〇四年の「第四回十字軍」の結果、いわゆるラテン帝国が成立していた。イスラームのマムルーク朝にとっては敵であった。ところが、ここにも一二六一年に変化がおこり、ビザンツ帝国のパラエオログス朝がニカエアから復帰をとげた。その名はあくまでも「ローマ帝国」という、このかよわくもしたたかなビザンツ国家の「皇帝」は、東からのフレグ・ウルスの圧力を気にしながらも、「しぶしぶ」とヴォルガとナイルの交渉団の通過をみとめた。ここに、ジョチ・ウルスの主人ベルケのもとより使節たちを乗せた船が、黒海・マルマラ海・エーゲ海・地中海をとおってエジプトに到着し、フレグ・ウルスを共通の「敵」とする両者は同盟関係に入った。

この同盟がすみやかに実現した背景には、政治環境のほかに、ふたつの理由があった。ひとつは、ベルケはモンゴル君主としてははほとんどはじめて、イスラーム信仰に熱心な人物であった。バイバルスにとっては、フレグ・ウルスを「イスラームの敵」とする大義名分を切りだしやすかった。当時、フレグ・ウルスには、イスラームの色彩はとぼしかった。フレグ・ウルスがイスラーム国家へとはっきり踏みだすのは、一二九五年、ガザンが第七代の君主となってからである。

もうひとつの理由は、ジョチ・ウルスもマムルーク朝も、じつは似たものどうしだったことである。ジョチ・ウルスは、バトゥの西征の結果、巨大に成長した。それは、当時の国際語《リンガ・フランカ》であったペルシア語で「ダシュト・イ・キプチャク」、すなわち「キプチャク草原」といわれた西北ユーラシアの大草原と、そこの住民であったトルコ系のキプチャク族の大集団とを、ともどもにとりこんだためである。実態からみれば、ジョチ家のモンゴルが、遊牧キプチャク族の大波のなかに呑みこまれたといってよいくらいであった。

ジョチ・ウルスは、ことばも人のすがたも、急速にトルコ化した。ジョチ・ウルスを、俗に「キプチャク・カン国」と呼んだりするのも、そのおもな住地と住民の名に由来する。

そして、エジプトのマムルークたちも、多くはひろい意味での「キプチャク草原」の出身者であった。そもそも、バイバルス自身が、クマン族、すなわちキプチャク族の出身であった。かれは、少年の日、バトゥ西征軍の一部とおぼしきモンゴル軍にとらえられ、奴隷商人の手をへて、ダマスクス、そしてカイロへとやってきたのであった。

ようするに、このヴォルガ−ナイル同盟には、一面でイスラーム色とキプチャク色が濃厚にただよっていた。この同盟によって南北からはさみうちされるかたちとなったフレグ・ウルスは、ヨーロッパ・キリスト教世界に友好をもとめた。さらには、シリア、エジプトへの共同出兵まで提案する。もしこれが実現すれば、モンゴル時代に幕をとじてしまう「十字軍」の歴史に、まったく別のページがつけくわえられるはずであった。

こうして、ユーラシアの西半分では一挙に政治の多極化時代をむかえた。すでに「十字軍」の全盛期ころから東方への眼をひらきつつあったヨーロッパの君主・王侯たちは、みずからの富と権力のために、いっそう自分の力でうごきだした。ヴェネツィア、ジェノヴァをはじめとするイタリアの海上通商都市国家も、この情勢をたくみに利用して活発にうごきまわる。これとは逆に、「モンゴルの恐怖」の時代には、ヨーロッパ・キリスト教世界をたばねる唯一の存在として、神聖ローマ皇帝をおさえて、むしろ力の絶頂期にあったローマ教皇は、急速に権威をうしない、十四世紀初頭には「大分裂《シスマ》時代」をむかえることになる。

大元ウルス
カサル王家
オッチギン王家
北平王家
コンギラト王家
遼陽
上都
大都
オングト王家
オイラト王家
カラ・コルム
ゴデイ一門領
ウルス
エミル
カヤリク
ビシュ・バリク
ウイグル王家
コムル
タラス
アルマリク
クネース
カラ・ホジョ
カーシュガル
ホタン
エチナ
涼州
サチュ
コデン王家
西平王家
安西王家
京兆
開封
襄樊
鄂州
成都
揚州
臨安
開城
高麗
日本
・ウルス
南宋
ラサ
雲南王家
大羅
陳氏大越国
デリー・スルターン朝
チャンパー
シュリーヴィジャヤ王国

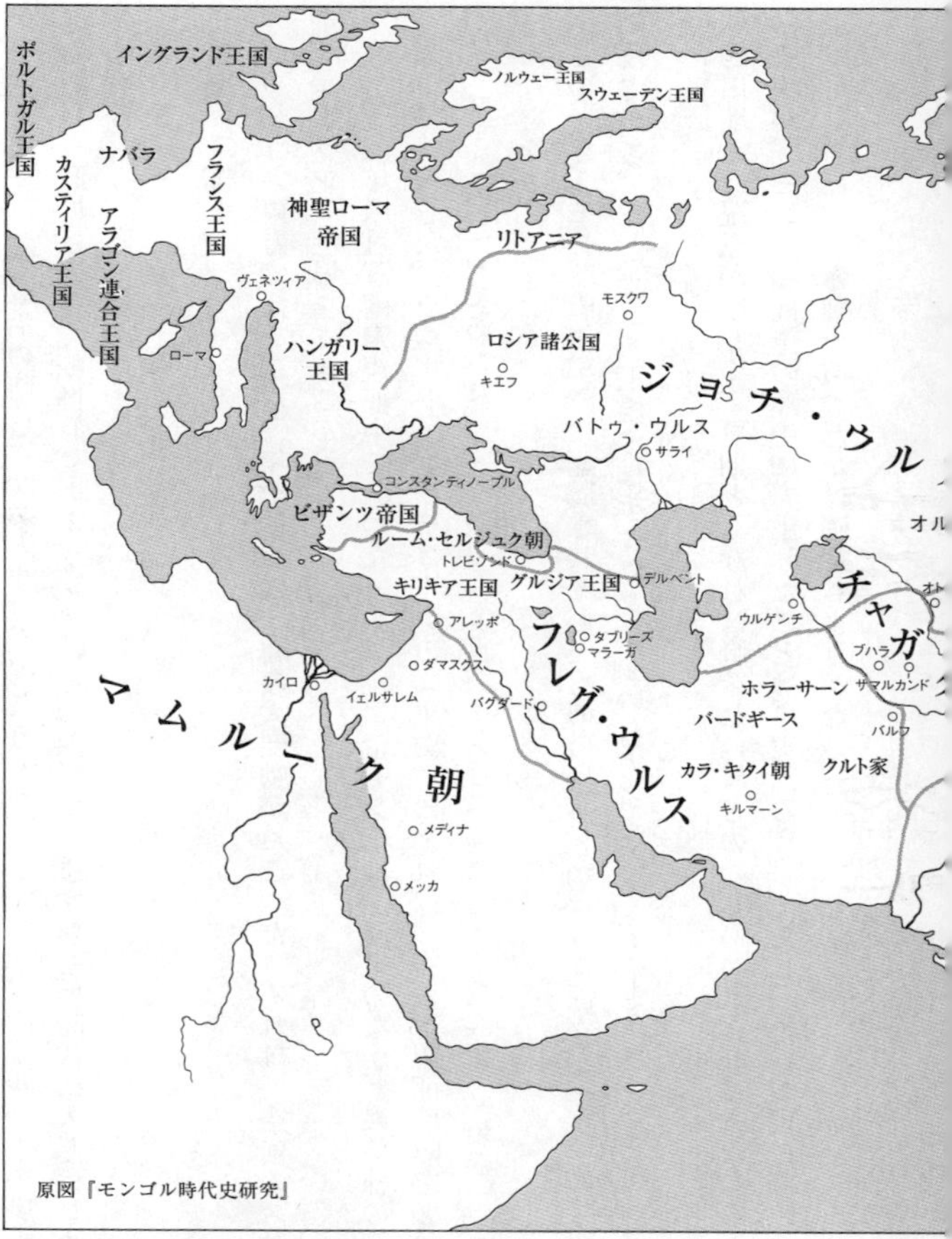
イングランド王国
ポルトガル王国
カスティリア王国
ナバラ
アラゴン連合王国
フランス王国
神聖ローマ帝国
ノルウェー王国
スウェーデン王国
リトアニア
ヴェネツィア
ローマ
ハンガリー王国
モスクワ
ロシア諸公国
キエフ
ジョチ・ウル
バトゥ・ウルス
サライ
コンスタンティノープル
ビザンツ帝国
ルーム・セルジュク朝
トレビゾンド
キリキア王国
グルジア王国
デルベント
アレッポ
タブリーズ
マラーガ
フレグ・ウルス
ダマスクス
カイロ
イェルサレム
バグダード
マムルーク朝
ウルゲンチ
チャガ
ブハラ
サマルカンド
ホラーサーン
バードギース
バルフ
カラ・キタイ朝
クルト家
キルマーン
メディナ
メッカ
オル
原図『モンゴル時代史研究』

西暦1260年代のユーラシア

まさしく、「国際政治の時代」がおとずれた。こうして、アイン・ジャールートの戦いをさかいに、政局は大きく転換し、ユーラシアはその西半で、まず新しい時代に入りはじめたのである。

## モンケの急死

いっぽう、東方では一二六〇年を頂点に一連の大変動がおこった。それは、空前のスケールでユーラシア世界をまきこんだ。

一二五九年八月、南宋親征中であったモンゴル皇帝モンケは、炎暑のなか、最前線の四川の陣営で急死した。ラシード・ウッディーンの『集史』によれば、モンケ親征部隊を襲った「ヴァバー」のためであった。「ヴァバー」とは、アラビア語‐ペルシア語で「疫病」「コレラ」などをさす。

このとき、モンケ直属部隊に配属されていたもののうち、かなりな面々が「ヴァバー」で倒れている。たとえば、王族ではチャガタイ家の有力者カダクチ・セチェンがそうであった。

四川地方は湿気がひどく、夏期ともなれば胸苦しいほどのむしあつさとなる。なんらかの伝染病が、モンケ遠征軍の陣中に発生したことは事実だろう。ただし、それが現在でいうコレラであったか、赤痢であったかは確定しようがない。

人によっては、これを十四世紀にユーラシア西方を襲うことになる「パストゥーレラ・ペスティス」、いわゆる「ペスト」ないしは「黒死病」だというかもしれない。もとよりその可能性を全くしりぞけることはできない。しかし現時点で利用できる文献によるかぎりは、そうだといえる材料はない。

一説には、モンケは「矢傷《やきず》」を負い、それがもとでみまかったという。釣魚山《ちょうぎょざん》の要害に立てこもった南宋側の兵士に、城にちかづきすぎたモンケがねらいうちされたというのである。四川にはいまも、モンケが「矢傷」をいやしたといういいつたえののこる場所がある。ただし、この手の土地にゆかりの「昔ばなし」については、中国はことかかない。

しょせんは、人間がつくり、人間が書きしるす歴史のことである。もとより、真偽はなんともいえない。しかし、古来、権力の頂点にいるものが、しかも最前線で突然に他界するという異常事態の場合、どうしても不可解で謎めいた部分がまとわりがちである。とりわけ、モンケの急逝は、その直後におこった変動があまりにも巨大であり、そして次代を背負うことになるクビライにとって、あまりにも幸運であっただけに、その死の真因は千古の謎としてのこることだろう。

ともかく、モンゴル帝国は、巨大な領域をたばねる唯一人《ゆいいつにん》の大カアンを「敵」の目のまえで失った。モンケは、いったんゆるみかけたモンゴルの統制を、いささか強引すぎるほどのやりかたと指導力で回復させようとしていた。それだけになおさら、帝国は求心力を失っ

アリク・ブケ
カラ・コルム
アルマリク
ビシュ・バリク
開平
チュンドゥ
東勝
六盤山
京兆
開封
襄樊
鄂州
成都
釣魚山
嘉定
西京
開城
高麗
博多
耽羅
タガチャル
揚州
臨安
クビライ
南宋国
羅氏鬼国
吐蕃（トゥプト）
カシュミール
ラサ
ヤチ（昆明）
大理
スルターン朝
大羅
陳氏大越国

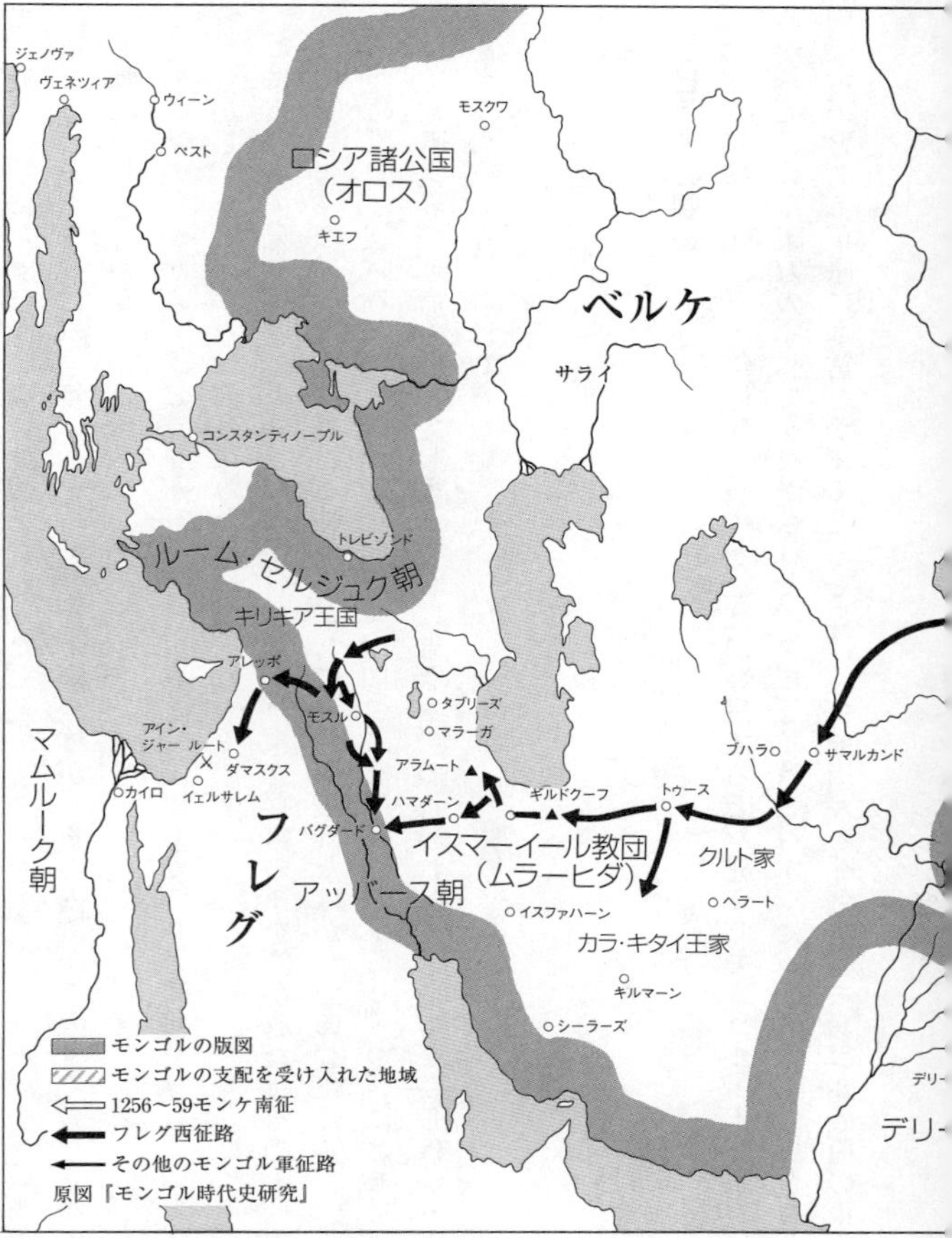


モンケ他界時（1259）のモンゴル帝国

て、逆に一挙に瓦解しかねない危機をむかえた。

そして、あくる一二六〇年。——モンゴル帝国全体が、その内側から大きく激しくゆれうごく動乱の年となった。

その動乱のなかから、クビライが浮上し、世界と帝国にあたらしい時代をひらくことになる。しかし、そのあゆみは波乱にみちていた。

なによりも、兄モンケと不仲となり、いったんは東方経営の任を解かれた。その後、表面上は和解して、一二五八年に東路軍の主将として再起用されたばかりであった。

不仲の原因は、いろいろとあった。それは、じつに根深いものがあり、ついにはモンゴルのゆくえも世界の運命もかえてしまうことにもなる。われわれは、ここですこしばかり、時間をさかのぼらなければならない。

## 2 クビライ幕府

### クビライの課題

クビライは、一二五一年に兄の政権が正式に発足すると、兄よりモンゴル本土の南方にひろがるモンゴル東方のすべてをまかされた。クビライは翌月すぐに、中国本土にほどちかい内蒙古のとある草原に本営をかまえた。そこは「金蓮川《きんれんせん》」と呼ばれ、モンゴル高原の東南すみにあった。

クビライにとって、モンゴル東方における政治課題は、すこし複雑であった。経略すべき目標は、たくさんあった。まずは、南中国の大国である南宋。雲南高原の後理国《こうり》やその周辺の「ジャン」と呼ばれるいくつかの集団。雲南の東側には、羅氏鬼国と漢字であらわされる高原の地方。ここは、モンゴル語では「チトコル」、すなわち「鬼」の国と呼ばれた。現在の貴州省にあたる。「鬼」と「貴」は、どちらも「グイ」と発音され、明代に中国本土化がはかられるときに「貴州」と美字にかえられたのである。

さらには、ヴェトナムの大越国。当時は陳朝である。雲南高原の南方の現在のミャンマー北部にあたる緬《めん》国やヴェトナム南部のチャンパーなども視野に入っていたかもしれない。オゴデイ時代に兵がおくられ、その後はモンゴルについたともつかないともあいまいなままになっている「ウ・ツァン」、すなわち中央ティベットなど、帰属をはっきりとさせなければならなかっただろう。

なお、この時点で、高麗《こうらい》国についてはクビライの権限内にあるとされていたかどうかはわからない。まして、日本国については、どう考えていたのか、まったく手がかりさえない。

しかし、なんといっても最大の目標は、南宋国である。正式な政府登録人口だけで二八〇〇万をかぞえる大国である。正式な、といったのは、登録されない人口も相当数いたとおもわれるからである。

「臨安《りんあん》」とも呼ばれた首都の杭州をはじめ、富と文化はユーラシアで屈指、最大・最高であったろう。このころのヨーロッパがモンゴルにとって無条件に魅力のあるところであったかどうかは疑問が多い。それにひきかえ、江南の富は、まちがいなくモンゴルをひきつけてやまなかった。すでに、モンゴルは、それまでにも幾度か断続して南宋国に攻勢をしかけている。クビライにとって、南宋国の征服は至上命題であったといっていい。

しかし、のちにのべるように、南宋国が国をかまえる江南は、大河と湖の国であった。そのうえ、華北と江南とのあいだには、ほとんど人のすまない巨大な「空白の壁」があった。華北から、まともに江南へ正面攻撃をくわえるのは、きわめてむつかしかった。

## 混沌たる東方

目を「内」に転じると、そこにもいろいろと課題があった。まずは、クビライのもとに配属された東方のモンゴルたちは、それぞれにいわくのある顔触れからなっていたことである。

モンゴルの国家草創から四十五年。チンギス時代に、金の中都《ちゅうと》（現在の北京の西南部分にあった）がモンゴルの手におちてからは三十六年。そして、オゴデイ時代に金朝が黄河の南の地でついにほろび、その戦後処理の一環として黄河の北の地域もふくめて正式な戸籍の登録と作成がおこなわれてからでも、もはや十六年の歳月がたっていた。

こうしたいくつかの段階をへて、つみかさなった権威や権益。複雑にからみあい、もつれあった人脈とコネの糸。これらのかずかずが、整理されることなく、混沌としたままで、クビライのまえに投げだされていた。

チンギス以来、モンゴル東方の頂点に立っていたのは、チンギスの弟たちの三つの王家とその所属のウルスであった。次弟ジョチ・カサル、三弟カチウン、そして末弟テムゲ・オッチギンをそれぞれの創祖《そうそ》とする三つの王家である。

当初、チンギスよりかれらにわけあたえられたモンゴル牧民戦士の数は、カサル家が一〇〇〇、カチウン家は三〇〇〇、オッチギン家は八〇〇〇であった。ただし、これはウルス創設のときの数で、もとよりおそらくは、その後の自然増とモンゴル自体の拡大にともなう各ウルスの膨脹とによって、それぞれの所属民の数は急速にふえたとみられる。

かれらの遊牧本領は、モンゴル高原の東をかぎる興安嶺《こうあんれい》の一帯におかれた。草創期のチンギス王国のなかでは、東方、すなわち南にむかっては左にあたった。そこで、この三個の諸弟ウルスをまとめて、左翼諸王とも、もしくは「東方三王家」ともいう。

これとあいたいする右翼諸王、もしくは「西方三王家」は、チンギスの三人の嫡子ジョチ、チャガタイ、オゴデイの諸子ウルスであった。こちらは当初、高原の西をかぎるアルタイ山の一帯に、それぞれ四〇〇〇ずつの牧民騎士をもっておかれた。これがのちに、西方へ大きく発展することになる。

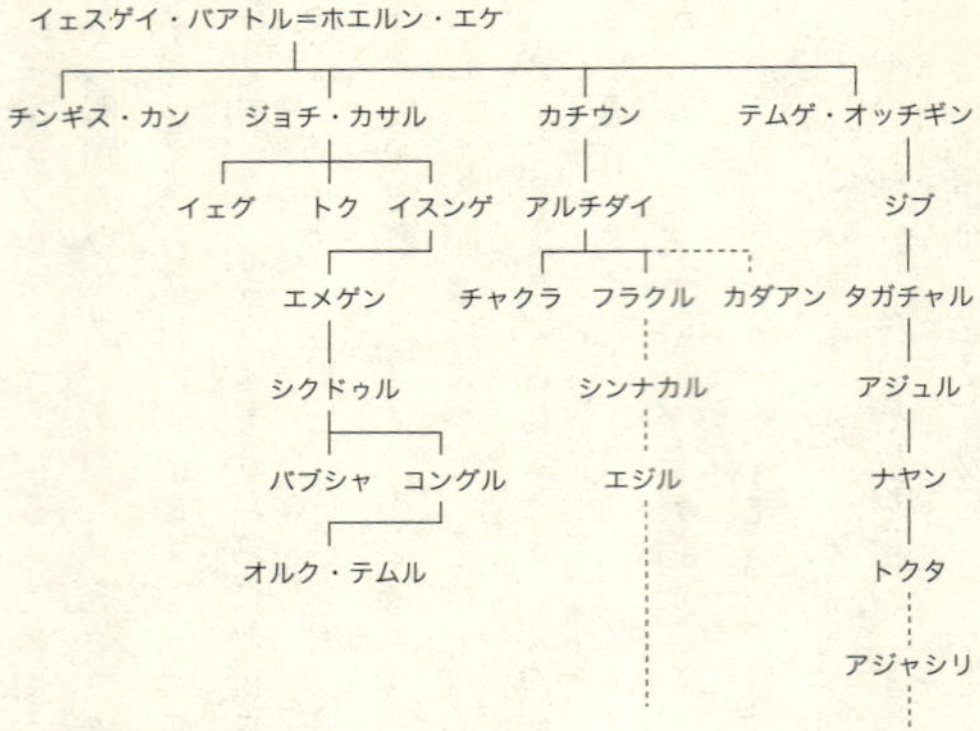


東方三王家の略系図

モンケやクビライの父であるトルイは、モンゴルに伝統の末子相続の慣例をもってチンギスとともにおり、この東西の六個の一族ウルスをたばねる巨大な中央ウルスをひきいたのである。これに所属する牧民戦士の数は一〇万五〇〇〇。

こののち、すべてのモンゴル国家のみなもとは、このときの、鶴がちょうどそのふたつの翼《つばさ》を大きくひろげたような左・中・右の東西展開にある。その牧民騎士たちは、合計一二万九〇〇〇であったと、ラシード・ウッディーンの『集史』はつたえている。

この「東方三王家」には、西方の三個のウルスにくらべて、ひとつの大きな特徴があった。それは、末弟のオッチギン・ウルスだけがとびぬけて大きいことであった。そのため、この三つのウルスは、オッチギン王家を盟主として、なにかにつけてひとつの行動をとることが多かった。

左右両翼の三個ずつのウルスの牧民戦士をそれぞれ合計すると、当初はすくなくとも東西どちらも一万二〇〇〇であった。あきらかに、チンギスがモンゴル国家の東西の力の均衡をかんがえた結果であった。しかし、そのうちわけは、西方のジョチ、チャガタイ、オゴデイの三ウルスが、どれも平等に四〇〇〇ずつであったのとはちがい、東方三王家では全体の三分の二がオッチギン家の所属であった。その力のバランスのちがいが、東西ふたつの一族ウルス群のその後のあゆみを大きく変え、ついには歴史の大流さえも変えてしまうもととなった。

一二五一年、東モンゴリアの要衝「金蓮川」の草原に、わずかな手勢と一団のブレインたちをひきつれて乗りこんできたクビライにとって、なににもまして第一の内なる課題は、一族ウルスのなかで最大の勢力をもつ東方の巨藩オッチギン家との関係であった。「配属」どころか、はたしてすなおに協力してくれるだろうか。提携関係に入れれば、文句ない。オッチギン家の動向は、そのまま東方三王家すべての動向となるだろう。

当時、東方三王家の勢力圏は、興安嶺をはるかにこえ、マンチュリアのほぼ全域をおおっていた。高麗北境にも権益をもち、燕京《えんけい》とも呼ばれた中都の東郊の平州《へいしゅう》一帯や山東沿岸地域をも、その所領としていた。つまりは、ことのなるかならぬかは、まず、オッチギン家との調節にかかっていた。

東方三王家のしたには、モンゴル左翼のなかでも有力な「五投下《ごとうか》」と呼ばれる五つの軍事集団がいた。中心は、ジャライル国王家であった。チンギス・カンは、その西征のおり、ジャライル族の股肱《ここう》の臣ムカリに、中国方面をあずけ、そのしたに「五投下」をはじめとする軍団を配した。「五投下」ののこり四つは、チンギスの正后ボルテの実家であるコンギラト駙馬《ふば》家、チンギスの妹と娘があいついでとついだイキレス駙馬家、そしてチンギスの苦闘時代、とくにケレイトの覇者ワン・カンとの戦争で前面に立った同盟者のウルウト族とマングト族であった。かれらは、チンギスによってムカリのジャライル国王家とともに、対金作戦の終了後、モンゴル高原の東南、華北のすぐ北にあたる地域に移封《いほう》され、大きな遊牧所領地を形成していた。

さらに、「五投下」のしたには、モンゴルであってモンゴルでないキタン軍団がいた。その筆頭は、チンギスの最高のブレインであり、軍事参謀であった耶律阿海《やりつあかい》と禿花《とか》の兄弟の家系であった。耶律阿海家は、サマルカンドと中都をおさえ、耶律禿花家は、かつての長安にあたる京兆《けいちょう》をおさえていた。このほか、キタン系の軍団は、いくつかが北中国に根拠地と勢力圏をもっていた。石抹明安《せきまつミンガン》と石抹也先《エセン》を創始者とするふたつの家系は、そのなかでも有力な存在であった。

これらのさらにしたに、華北各地に自然発生した大小さまざまな在地武装集団がいた。かれらは、モンゴルの分権勢力とそれぞれ個別の関係をもつことが多かった。モンゴル権力をうしろだてにして、在地の人々を管理・支配する「請負い人」の性格をもっていた。とりわけ、金朝滅亡後は、モンゴル政権の方針で、大小いくつかずつが組みあわされて、整理・統合された。東平《とうへい》の厳《げん》氏、益都《えきと》の李氏、済南《さいなん》の張氏、真定《しんてい》の史氏、保定《ほてい》の張氏などが、その代表となる勢力であった。これらの地域勢力は、しだいに軍閥化の色あいをふかめだしていた。

このように、モンゴル東方は、さまざまな勢力がいりみだれ混沌としたさなかにあった。モンゴルの領域の全体をみわたしたとき、多かれ少なかれ、どこでもそのようではあったとはいうものの、とりわけて東方の錯乱ぶりは激しかった。そうした異様な状態にある東方に、クビライはやってきたのである。

## なぜ金蓮川なのか

クビライが、東方経営のための本営地として、金蓮川の草原をえらんだのには、わけがあった。このあたり一帯は、ジャライル国王家やウルウト部族の遊牧地であった。クビライは、文字どおり、ジャライル国王家のうえに乗ったのである。しかし、それだけではなかった。

ふりかえると、西暦一一一五年からの金朝時代には、桓州《かんしゅう》と撫州《ぶしゅう》というふたつの都市があった。そこで、金蓮川一帯の草原を、「桓《かん》・撫《ぶ》の間《かん》」とも表現した。くだんの耶律阿海・禿花兄弟の父は、この草原都市の桓州の長官であった。石抹明安もまた、この桓州の人であった。金朝時代、内蒙古一帯に展開・配備させられたキタン系の諸軍団にとって、ここそは、地勢上かなめ石にあたる草原であり、桓州と撫州は戦略上・補給上のポイントなのであった。

ところが、この「桓・撫の間」は、金朝自身にとっても、たんなる辺境の草原ではなかった。それどころか、反対に、もっとも重要な土地であった。

夏期もちかづくと、むしあつさがつのりだす中都とその周辺をはなれて、ほぼ三〇〇キロメートルはなれた高燥《こうそう》なこの地へ、金王室はやってきた。皇帝につきしたがって、宮廷・政府のかなりな人数とおびただしい兵数の近衛軍団が、ともに大挙してやってきた。そのための離宮と屯営地が、草原のあちらこちらにもうけられた。

一面でいえば、王室の避暑地であった。別の面では、近衛軍の大量の馬群、とりわけ大型の戦馬を牧養する夏営地であった。草原一帯には、王室と近衛軍に専用の官有牧場が見わたすかぎりひろがっていた。

ようするに、金朝は、冬期は中都、夏期は「桓・撫の間」を巡行していたのである。夏期は、こちらのリゾートが「首都」であった。ただし、こちらは点ではなく、面ではあったが。

これは、金朝だけのことではなかった。さらに時をさかのぼると、キタン遼朝でも、ほぼおなじである。遼代にも、この草原は、遼王室の重要な巡歴地であり、やはり官有牧場がひろく分布していた。ただし、これについては、すこし説明がいる。

キタン遼帝国の首都は、上京臨潢府《じょうけいりんこうふ》であった。ここの草原よりは、だいぶ北方のシラ・ムレンの北畔にある。シラ・ムレンとは、「黄色の河」を意味する。そこで、漢字では「潢水」とか「潢河」とか訳した。都市のほうも潢水にのぞむので、臨潢府といったのである。

しかし、上京臨潢府は、たぶんに名目上、名義上の首都であった。シンボリクな意味あいのほうが大きかった。キタン帝国が純粋な遊牧キタン族のみの政権のままにとどまるのならば、草原の首都の上京臨潢府で十分であったかもしれない。シラ・ムレン一帯は、耶律阿保機《やりつあぼき》によって大統合されたキタン族にとって、「祖宗興隆《そそうこうりゅう》の地」であったのだから。

だが、キタン帝国は、そうではなかった。五代・宋とつづく華北政権をおさえ、いわゆる「燕雲十六州《えんうんじゅうろくしゅう》」を領有し、宋からは平和共存のみかえりとして、「歳幣《さいへい》」という名で、銀と絹からなる経済支援を毎年うけた。東は渤海《ぼっかい》を吸収し、肥沃な遼寧平原をはじめ、マンチュリア全域も領有した。

キタン遼帝国は、東アジア最大・最強の国家となった。人間もキタン族のほか、漢族、渤海遺民、渤海以外の女真族、朝鮮族、そして高原のトルコ・モンゴル系の人々などがあふれた。人々のくらしかたも、遊牧・牧畜・農耕・漁撈から各種の商工業まで、さまざまなひろがりをもつ多種族国家となった。東の高麗、南の宋朝治下からは、各種の物資・商品が、西からは天山と甘州《かんしゅう》のふたつのウイグル通商国家をはじめとする各地の隊商が、それぞれやってきた。

こうなると、上京臨潢府だけで、すべてをささえきることは無理であった。そこで遼は、地域ユニットごとに他に四つの副都をおいたが、とくに重要なのは、南京析津府《なんけいせきしんふ》であった。中国本土の東北のすみ、いわゆる「燕《えん》」の地である。キタン帝国領内では、もっとも南に位置するため、南京といった。

ここが、事実上の首都機能の大半をはたした。南京析津府は、キタン帝国のおもて玄関となった。キタン王室も、しきりにここにやってきた。そして、夏期となれば、すぐ北の草原地帯へおもむいた。

そこを当時、「旺国崖」「炭山《たんざん》」といった。それは、金代でいえば、「桓・撫の間」にあたる。そしてまた、遼朝以降、東アジア屈指の国際都市に浮上した南京析津府こそ、金代の中都にほかならない。

### あるイメージ

ひるがえって、金朝帝国も、はじめから中都が首都だったわけではない。はじめのうちは、「祖宗の地」である北部マンチュリアの松花江《しょうかこう》、すなわちスンガリ中流域の上京会寧府《じょうけいかいねいふ》を首都とした。しかし、しょせん、これはキタン帝国の場合とおなじことであった。

当初、金は宋を南においやったあと、華北の地に張邦昌《ちょうほうしょう》という人物によって楚国《そこく》を、つづいて劉予《りゅうよ》という漢族をおしたてておなじく傀儡《かいらい》国家の斉国《せいこく》をたてた。しかし、けっきょくはこれらを取り潰してしまうと、北はアムールから南は淮水《わいすい》におよぶ大領域をすべて直接に統治せざるをえなくなった。

いかに、女真族による本族主義と本地主義を主張しようとするものでも、北方の僻陬《へきすう》の地である上京会寧府からすべてを統轄しきるのは、どうみても無理なはなしであった。南北の領域のちょうどなかほどに位置し、キタン遼帝国以来の準首都の伝統と蓄積をもつ析津府、あらため中都大興府《だいこうふ》に首都をうつすのは、当然のなりゆきであった。

こうして、「燕」の地の都の「燕京《えんけい》」、すなわち中都は、断続はあるものの、すでに三百年以上にわたる準首都と首都としての長い歴史をもっていた。しかも、そのさい、「桓・撫の間」の草原と、いわばワン・セットにして使われるというパターンがあった。ここに、大きな意味があった。

そもそも、チンギスは五年にわたる金国侵攻のさい、まさにこの「桓・撫の間」とその周辺地区に本営をおいた。つづいて、東方をゆだねられたムカリ国王家も、四代の間、ずっとここに駐営した。この間、モンゴルの東方経営の拠点都市となったのは、燕京中都にほかならなかった。

燕京地区と桓撫地区とのワン・セット状況は、まったく変わっていなかった。ただ、その基本パターンをモンゴルは、いわば「南むき」に利用したのである。

クビライが「桓・撫の間」にあたる金蓮川に乗りこんだのは、そうした長い歴史の背景があった。偶然に金蓮川をえらんだのではなかった。それは、明確な意図をもった選択であった。

一見すると、わが身とその軍団は、モンゴル高原を離れきれず、その東南のはしの草原にひっかかっているかのようである。しかし、じつはそこは東アジア随一の政治要衝である中都にちかく、両地はたがいに密接な関係にある。そこは、遊牧世界と農耕世界の接壌地なのである。ふたつの世界をつなぐ地勢上のかなめであり、すでにそうした長い歴史をもっている。だから、まず金蓮川一帯を遊牧軍事基地とし、そこから政治基地の中都をおさえる。さらに、両地を中核地域にして、東方全域の支配を構想する——。

それが、クビライが任地であるモンゴル東方にたいして採った第一の選択であった。金蓮川を東方経営の作戦基地にするという選択をしたときに、すでにクビライのあたまのなかには、あるイメージとプランが、はっきりあったといわなければならない。

## 3　クビライとブレインたち

### モンゴル左翼集団

兄モンケの即位式とその直後の東方委任の命令をうけたその翌月、とるものもとりあえず金蓮川にやってきたクビライにとって、まず手はじめにしなければならないのは、組織づくりであった。

ジャライル国王家とのはなしあいは、すでに済んでいたのだろう。そうでなければ、その遊牧地である金蓮川へ乗りこめない。

そのジャライル国王家では、第四代スグンチャクのあとをついだクルムシは無能であったとされている。その弟ナヤンの直訴により、モンケは有能なナヤンの指名をあきらめて、かれの補佐を条件にクルムシの継承をみとめたという。すくなくとも、史料のうえではそうである。

クルムシが本当に無能であったかどうかはわからない。こののち、クルムシはジャライル国王として、一生懸命やっている。しばらくしてやってくる帝国大動乱にも、クビライ側にたって要所にはかならず顔を出している。ただし、けっしてめだたない。

めだつのは、スグンチャクの弟バアトルである。かれは、クビライの参謀となった。ただの参謀ではなかった。最高の副将であり、股肱の臣となった。「燕雲の地」、すなわち中都地区から大同《だいどう》にかけての遊牧と農耕のふたつの世界が接するところこそ、帝都たるべき地であるとクビライに進言したのも、かれであったとされている。カラ・コルムにいて、マー・ワラー・アンナフル方面に帝都構想をいだいていたとされる現皇帝モンケを暗に批判することばであったという。

「燕雲」における帝都案と、はたして関係があるかどうかはべつとして、金蓮川への進駐は、たしかにバアトルぬきではかんがえられない。というのは、バアトルは、ジャライル国王家の現当主クルムシの叔父にあたり、その後見人であるだけでなく、クビライの義理の兄でもあったからである。

クビライの正妻チャブイは、チンギスの正后ボルテ・フジンが出たコンギラト駙馬家のむすめであった。その姉のひとりテムルンが、じつはバアトル夫人であった。そして、この連鎖には、もうひとり大事な人物がいた。

それは、チャブイとテムルンの実の兄、コンギラト駙馬家の現当主オチンであった。クビライは、帝国を代表する最高の姻族集団の族長と帝国東方で筆頭に位置する譜代集団の事実上の長という、ふたりの強力な義兄をもっていたのである。これは、大変な強みであった。そして、ひょっとすると、このことがモンケがクビライに東方を委任した最大の理由であったかもしれない。

オチンひきいるコンギラト駙馬家の遊牧所領地は、金蓮川の草原のすぐ北どなり、ダライ・ノールの湖水を中心とする一帯に大きくひろがっていた。ようするに、クビライは、ふたりの義兄がおさえるところに本営をかまえたのである。

コンギラト領の東南方によりそうように、イキレス駙馬家の遊牧所領地があった。のこるマングト族長家の遊牧地が、どこにあったかは、いまのところ利用できる史料からは割りだせない。しかし、マングト族はウルウト集団といつも一対《いっつい》になっている。おそらく、金蓮川をそう遠くはなれていないところであったろう。

クビライの金蓮川幕府は、五投下の全面支援のもとにつくられた。これ以後、五投下はすべての家の当主が一丸となって、クビライをおしたてて、文字どおり身命をなげうち奮闘する。五投下は、クビライに賭けたのである。そして、それはこれ以上はありえないほど、みごとに成功する。

五投下がはじめから完全にクビライと一体化したのには、もちろん五投下を代表する二大勢力のジャライル国王家とコンギラト駙馬家の意向が、はっきり決まっていたからである。むしろ、事態を率直にみれば、五投下集団のほうが、クビライ幕府をみずからの本拠地へまねきよせ、ひきこんで、その中核にどっかとすわってしまったともいえる。

そのさい、五投下筆頭で、従来からモンゴル東方にたいして特別な権益と微妙な立場にあったジャライル国王家が、すべてをあげて新権力者のクビライに臣服したことが大きかった。これが五投下ばかりでなく、他の東方諸勢力にあたえた影響は、はかりしれない。キタン系の諸軍団も、漢人軍閥たちも、直接にあおぐ主人はジャライル国王家であった。かれらも、いっせいにクビライになびいた。不服をいうものが、ほとんど誰もいなかったのは、信じがたいほどである。よほどの調整と地ならしがなければ、とても無理である。

ジャライル国王家こそが、クビライに賭けたのである。衰運おおうべくもない現状からの脱出をねらったのであった。その切札が、クビライの義兄にあたるバアトルであった。ただし、もともと、バアトル本人がジャライル国王家の部内でもたしかに実力者であったから、そうなったのか、あるいはジャライル国王家の総意によって、復活と再生へのにない手としてバアトルがことさらに表面におしだされクビライの膝もとへおくりこまれたのか、そこのところは、もはや史料の限界をこえる。とはいえ、結果からみれば、ムカリ家はあざやかに復活をとげる。ただそれは、国王家よりもバアトル家が繁栄の頂点に立つかたちでの復権であったが。

この結果、クビライの金蓮川幕府は、発足そうそうからきわめて強力な陣容となった。軍団は、クビライ自身の手勢はわずかでも、五投下をはじめとする旧ムカリ家組織下のモンゴル軍団がすべて麾下《きか》に入った。耶律阿海の系統や石抹明安の子孫たちが実権を握りつづけていた中都地区も、クビライ幕府の傘下に入った。とうぜん、その下のキタン系の諸軍や漢人軍閥も、クビライ幕府の系列下に入った。雑然たる諸勢力が、再編されて巨大なピラミッドを徐々につくりはじめた。

こうして、クビライ幕府は、はじめから否応なく「東方」の色彩を強烈におびることとなった。モンゴル全体のバランスから見れば、あまりにも「東方」に凝りかたまった顔触れであった。これと一対をなすフレグの西征幕府が、それまでのイラン方面の諸勢力を再編するかたちをとりつつも、そのいっぽうでモンゴル本土の牧民たちから一律に提供されたモンゴル・ウルスのミニチュア版を中核部隊としていたのとは、まったく性格をことにした。そして、このことが、きたるべきそれぞれの政権の性格をも、大いにことなるものにする原因となった。

## 謎のクビライ像

ときに、クビライは三十七歳。兄モンケより七歳下であった。ところが、このときまでのクビライについて、ほとんどこれといって伝えられるところがない。

これまでふつう、かれが、はじめから東方経営に熱心だったとか、中国文明に理解やあこがれがあったとか、まことしやかにいわれている。けれども、それは、きわめてうたがわしい。かれが世界の帝王となったあと、その即位以前から仕えていたと誇りたがった漢族官僚たちの伝記のなかでそうしるされているから、というのがその理由である。それなら誰でも、クビライとおなじ立場にたてば、おなじことをいわれるだろう。

クビライは、異様な人である。モンゴル人ではまことにめずらしい八十歳の長命を保ったこと自体が、異様である。そして、三十七歳で突然にモンゴル東方の権力者として登場するまで、これほどの歴史上の人物でありながらその前半生がほとんどわからないというのも、異様である。

しかしクビライは文字どおりの最高権力者になってのち、他の歴史上の権力者がよくするように、自分を飾りたてる逸話や神格化・聖人化のための作業については、まったく関心をもたなかった。周囲や後世を意識して、ことさらに演技するというようなあざといまねはしていない。これは、かれの子孫の代まで徹底させたようであるから、見事なまでの即物主義である。

クビライについて、すべては、一二五一年から見えだしてくる。かれのブレインについても、またそうである。従来いわれているように、クビライが漢族ブレインだけを寵用《ちょうよう》したなどということはない。

クビライがかかえこんだブレインたちは、じつにさまざまな人種と顔触れからなっていた。ことばも、まちまちであった。ただし、ほとんど、モンゴル語をはなしたようである。はじめからできたか、あとから身についたかは、別として。

この点について、われわれが、言語の壁をあまり大きく見つもりすぎると事実からはなれてしまう。当時のモンゴル政権とその周辺は、現在のどの社会、どのセクションにもひけをとらない多言語の状況にあった。複数のことばをできるのは、当然だった。漢人ブレインたちも、ほとんどがモンゴル語があきらかにできた。

何語であれ、身につけるのはそうむつかしい環境ではなかった。

当時の状況をしめす実例をひとつだけあげる。それは皇帝モンケである。ペルシア語の記録によれば、大カアンのモンケ自身が数ヵ国語を自在にあやつり、ユークリッド幾何学をはじめ、古今東西の諸学にひろくつうじていたという。抜群の知識人であった。

ちなみに、これまでしばしば、モンケは単純・素朴な遊牧武人で、戦争のことしかしらなかったなどと平然と語られている。これは、クビライを漢文化の理解者とし、モンケにくらべて上等だったとする考えのうらがえしである。なんの根拠もない。

モンケは、東は金朝滅亡を決した三峯山《さんぽうざん》の戦い、西はバトゥ西征のおりのキプチャク征討と、実地体験でもユーラシアの東西をその目で見ている。そもそも、モンゴルたちのうち、かなりな人数が「マルコ・ポーロ」にひけをとらない旅人なのである。まして、そうした人間集合をひきい、多種族《ハイブリッド》の世界帝国を指揮する人物が、ふつういわれるとおりの単純・素朴ではとてもやっていけない。ことばの面でも、通訳を介するより、自分でわかるほうがたしかなのもあたりまえである。

クビライが、はたしてモンケのようであったかどうかは明確な記録がない。クビライについては、どうしても漢文史料がおもになる。ところが、漢文の記録というのは、大変すぐれたものであるが、文化伝統がありすぎるためか、ややもするとほめるかけなすか、どちらかに極端に傾きやすい体質をもっている。事実を率直に表現するには、かならずしもむいているとはいいにくい面がある。くわえて、独特の価値観がある。自分たちとおなじ価値体系のことについては饒舌《じょうぜつ》だが、それ以外の世界のこととなると、とたんに冷淡になりがちである。ある一部の文献では、ときに、理解しようという気持を、ほとんど欠落させているかのごとき場合さえある。

だから、クビライ個人が優秀であったかどうかは、史料の上ではわからない。ただ、かれはモンゴル語で「セチェン・カアン」、すなわち「かしこいカアン」とおくり名された。聡明な人物であったことはまちがいない。そして、かすかにわかる材料からすると、手ずからウイグル文字で書簡や任命書、指令書をしたためるのを好んだ。

ことがあれば、クビライは側近やブレインたちとの対論や協議をさかんにおこない、綿密に分析・検討したのち、決定をくだした。側近やブレインにたいする信頼は絶大であった。あることを誰かにまかせると決めれば、ことの成否が明瞭になるまでは、まかせきった。新情報や新知見については、非常に敏感であった。有能な人間の発掘・登用には、きわめて貪欲であった。

そして、いったん必要となれば、クビライは、ただちにみずから陣頭に立った。七十三歳で反乱軍を親征・鎮圧したのは、その一例である。果断な人であったことは、まちがいない。

### 政策集団と実務スタッフ

クビライ幕府のブレインたちは、おおまかにいうと、政策集団と実務スタッフの二種にわかれた。そして、人種と職務分担でいうと、五つくらいのグループにわかれた。

まず中枢部を構成するのは、バアトルを筆頭にナヤン、クルムシのジャライル国王家、コンギラトのオチン駙馬とその弟ナチン駙馬、イキレスのデレケイ駙馬、ウルウトのカダク郡《ぐん》王《のう》、マングトのボルコンといった五投下や、クル・ブカ、タガチャルなどのモンゴル将官たちである。このタガチャルは、オッチギン王家やフウシン族の同名の人物とは別人である。これらの面々による会議が全てを決した。

クビライ個人の参謀でもあり、この首脳会議にも出席したのは、ウイグル人の廉希憲《れんきけん》、エルチン、女真族の趙炳《ちょうへい》、趙良弼《ちょうりょうひつ》、粘合南合《ねんごうナムカ》、漢族の劉秉忠《りゅうへいちゅう》、姚枢《ようすう》などであった。これらの人物は、いずれもクビライ幕府の首脳というべき顔触れであった。もちろん、みなモンゴル語には堪能であった。不思議に、キタン族の謀臣は、すくなくともこの時期については目立った人物がいない。

徴税・財務・兵站・輸送については、チンギス、オゴデイ以来の財務官僚マフムード・ヤラワチが、クビライ幕府に協力した。かれは正式には、モンケより華北の税務行政の主班に指名されて中都に駐在した。漢文史料では、これを「燕京等処行尚書省《えんけいとうしょこうしょうしょしょう》」と表現する。クビライ幕府は、秋も深まると中都方面にくだっていって冬営した。幾多のモンゴルの政争をくぐりぬけて生きのびてきた老練のイラン系ムスリムのマフムード・ヤラワチは、クビライ幕府の要人になることもわすれなかった。

経済部門を担当するもうひとりの人物が、マー・ワラー・アンナフルのバナーカト出身のアフマドであった。かれもまた、イラン系のムスリムであった。もともとは、チャブイの実家コンギラト駙馬家に出入りしていた御用商人であったが、チャブイの輿入《こしい》れとともにクビライのもとにやってきて、信頼されることとなった。アフマドは、万能型の才人で組織づくりにも異様なほどにたけていた。その背後には、巨大なムスリム商人団があった。モンゴル人として育った漢族の張恵《ちょうけい》らとともに、クビライ幕府のなかに経済担当グループを着々と形成していった。

いっぽう、華北の行政庶務にあたるグループは、漢族が中心となった。ここに属する人々は、劉秉忠と姚枢のふたりの人脈につながる面々がほとんどであった。いずれも、伝統の漢族士大夫からすると、実学にかたむきすぎた人々であった。それだけ、有能で経験豊富なてだれぞろいであった。

そして、のこる一群の人々は、ひろい意味で文化・宗教担当とでもいうべき不可思議な顔触れであった。たとえば、ウイグル人の安蔵《アンツアン》は、サンスクリット、ティベト語、ウイグル語、モンゴル語、漢語につうじ、仏典をはじめ幾多の東西文献に精通したおそるべきポリグロトの大学者であった。モンゴルの歴史編纂も、かれのもとではじめられだした。王鶚《おうがく》と王《おう》磐《ばん》は、中華文明のエッセンスをクビライに伝える老大家であった。さらに、劉秉忠の師でもある仏僧の海雲《かいうん》は、もともと女真王族の出身で、皇帝モンケから華北仏教界の総括者に指名されるほどの人物であったが、クビライに協力をおしまず、多くの知恵と指針をあたえた。

これらのさまざまなブレインがいたとはいえ、まだあまりにも組織・スタッフともに不十分であり、未分化であった。クビライは、どんどんあたらしいメンバーをつけくわえていった。すべての意見に耳をかたむけ、それを取捨選択し、人をみつけ、人を生かし、しかるべきところに配置して、大きな組織の力とするのは、けっきょくクビライであった。

### 対中国戦略

クビライの金蓮川幕府が、東方経略、とくに南宋国にたいしてとった戦略は、あきらかに長期戦を前提としていた。

まず、華北での足場をかためる。漢人軍閥たちは、表面ではクビライ幕府になびいた格好をとってはいる。しかし、しょせんはわからない。オゴデイ逝去以後、十年間の無統制の「負の遺産」の解消は、かんたんにはいかない。漢人軍閥たちの力を再組織化するためには、かれらの信頼を回復しなければならない。そこで、要地にクビライ幕府の実務派スタッフをおくりこんでいくとともに、また各地の軍閥たちのもとにいるさまざまな幕僚たちをもクビライ幕府にとりこんでいった。

南宋国にたいしては、「空白の壁」と「水の壁」をおしきって正面から直撃するのは危険である。そこで、まず黄河から南方、淮水《わいすい》にいたるまでの間に、軍事拠点をきずく。淮水下流域方面の亳州《はくしゅう》には、順天軍閥の張柔《ちょうじゅう》を中心とする漢人勢力をおしだす。漢水流域の裏《じょう》陽《よう》・樊城《はんじょう》にたいしては、鄧州《とうしゅう》一帯に真定軍閥の史天沢《してんたく》を中心に再組織した在地部隊を屯田させる。そして、黄河下流一帯の邳州《ひしゅう》などの各要衝に、モンゴル側の軍閥の游顕《ゆうけん》・解汝楫《かいじょしゅう》や済南軍閥の張邦直らに水軍を組織させる。いずれも、モンゴルにとって使いやすい漢人勢力ばかりであった。

問題は、東方三王家との関係であった。これについては、直接に語る記録はない。ただし、結果からみると、あきらかに双方があゆみより、折れあった。作戦行動を二分したのである。

クビライは、ちょうど一年かかって金蓮川幕府の基礎をさだめると、翌一二五二年七月、カラ・コルム近郊の幕営地《ばくえいち》に兄の皇帝モンケをおとずれた。そこで、雲南・大理方面への遠征を下命《かめい》された。クビライの原案が、認可されたのである。

クビライ幕府の作戦計画は、当面、南宋国の正面攻撃を避け、大きな包囲網をつくることであった。雲貴高原をおさえれば、糧秣の不安なしに南宋国を側面から直攻することも可能であった。ヴェトナムの大越国を経由して、北攻することもできる。

この雲南・大理遠征計画とともに、モンケは高麗国への侵攻も下命した。主力は、東方三王家である。それが、クビライ幕府と東方三王家との妥協点だったのであろう。これなら、クビライは、東方三王家の既得権益を侵害していない。しかも、雲南・大理遠征軍に、東方三王家の部隊も参加するかたちをとった。新領土の分配にも、あずかれるのである。

モンゴル全体からこれを眺めれば、東方に関する二方面作戦は、クビライと東方三王家が協同でおこなう格好である。フレグの西征に、チャガタイ家とジョチ家が参画しているのと、よく辻褄《つじつま》があう。クビライ幕府の戦略は、すこし巧妙すぎるほどであった。

翌八月、クビライは、そのまま遠征へと旅立った。足どりは異常なほどにゆっくりとしていた。黄河をわたり、翌一二五三年の夏に六盤山《ろくばんざん》に駐営した。二十六年まえ、祖父チンギス・カンがみまかったところであった。山麓にひろがる関中《かんちゅう》盆地一帯は、あらたに帝国全域で実施された戸口《ここう》調査の結果をふまえて、この年にクビライの私領とされたばかりであった。あきらかに、遠征ぶくみであった。

クビライは、テーブル状の高原をなす六盤山で夏営する間、いそがしかったはずである。遠征軍は、ここでととのえられた。副将として、ウリャンカ族のウリャンカダイが、精鋭の純モンゴル部隊をひきつれてやってきた。かれは、有名な戦闘指揮官スベエデイの子であった。

スベエデイは、チンギス西征のおりには、カフカズをこえ、ルースィに打ち入った。オゴデイの金国作戦には、開封陥落をとりしきった。バトゥの西征には、勝手しったるキプチャクとルースィであり、副官としてチンギス家の御曹司たちをたすけ、巨大な成功をもたらした。おそるべき戦歴であった。チンギスの「四匹の犬《ドルベン・ノガイ》」にかぞえられたように、かれとその家系は、チンギス一族のゆくところ、犬のように、つねに最前線に立って戦いつづける宿命を背負った家柄であった。

その息子のウリャンカダイも、トルイ家に直属する宿老として、モンケ推戴のおりには反対派をやりこめるため、雄弁をふるったことが、ペルシア語の史料に伝えられている。モンケは、みずからも参加したバトゥの西征の場合とおなじように、猛将スベエディ以来の強力きわまる戦闘集団をウリャンカダイとともに、いわば切札として、クビライに貸しあたえたのである。現実のうえでは、ウリャンカダイのほうが、むしろ主将であったとさえいえるかもしれない。

クビライ私領となった京兆《けいちょう》は、耶律禿花家ひきいるキタン軍団の本拠であった。当主ジュゲは、系列下にある諸軍団をあげて協力を誓った。ここに、陝西《せんせい》キタン軍団の吸収も、はじめてなった。

さらに、すぐ西の涼州《りょうしゅう》平原のコデン王家からも、使者がやってきた。オゴデイの次子コデンは、もとの西夏《せいか》の地に「ウルス」をたてていたが、兄グユクの即位式に参列したあと、病いをえてみまかった。グユクの母ドレゲネが、のろい殺したというはなしさえ伝わる。その息子たちは、グユク系統とたもとをわかち、モンケ即位に協力した。

一二五三年ころ、コデン家の当主は、おそらくメルギデイであった。現在、陝西省の西安市の西郊には、鳩摩羅什《クマラジーヴァ》ゆかりの草堂寺《そうどうじ》が、十三世紀当時のままの姿でたたずみ、そのちかくには、このころ全盛をきわめた新道教の全真教《ぜんしんきょう》の祖庭《そてい》である大重陽万寿宮《だいちょうようばんじゅきゅう》の遺址《いし》が、こちらは石碑だけの硬林《ひりん》となって、それぞれおとずれる人を待っている。この仏教と道教の拠点には、いまも、モンゴル時代の碑刻《ひこく》が数多くのこる。そのなかに、コデンとメルギデイの二代にわたって、この仏寺と道観《どうかん》の保護を命じた令旨を刻した碑がある。これによれば、すくなくとも、クビライが東方委任を命じられる一二五一年までは、コデン王家が耶律禿花家を筆頭とする諸軍団のうえに立ち、陝西一帯での権威者となっていたことがわかる。

コデン家としては、自分たちのうえに、さらにつけくわわった新しい権威者と協議する必要があった。陝西はもちろん、自分たちの本拠である甘粛《かんしゅく》や、コデン以来しばしば兵を送ってきたティベト高原も、はたしてどういう扱いになるのか。クビライ遠征軍は、そのティベト東部を経由して南征しようとするのだから、なおさらである。

コデン家よりの使節団は、珍客をともなっていた。ティベト仏教諸派のうち、サキャ派の中心人物サキャ・パンディタのおいパクパである。さらに、旧西夏国の大臣の子でコデン家の政治・文化・宗教上の顧問格となっていたタングト人の高智耀《こうちよう》もいた。

ここに、コデン家は、クビライ幕府との提携関係を確認した。若きティベト仏僧パクパは、クビライのもとで、華北・ティベト両地域にたいする宗教権威の道をたどりだす。そして、有髪《うはつ》の僧にして儒者、旧西夏国人にしてモンゴル・ティベト・中華いずれにも通じた高智耀も、クビライというあらたな権威者とわたりをつけた結果、いっそうひろい舞台で、カメレオンのような複雑怪奇な独特の政治・文化活動をくりひろげることになる。

炎暑もすぎた九月、編成なったクビライ遠征軍は、東ティベトをへて、一気に雲南高原へ進撃した。それは、深くきれこんだ谷を幾度もわたり、はるかなる山河をこえた長征となった。モンゴル軍の進攻はすばやく、十二月には、洱海《じかい》のほとりにある後理国《こうりこく》の首都、大理《だいり》を攻略した。

ところが、クビライは、ここで後事をウリャンカダイにまかせ、自分は、さっと帰還した。翌一二五四年の夏は、六盤山にすごし、その冬にモンゴル本土でモンケに報告をすませると、一二五五年は金蓮川にもどって腰をすえたまま、動かなくなった。そして、翌一二五六年には、漢人参謀の劉秉忠の設計にもとづく草原の都市、開平府《かいへいふ》を金蓮川の一画に築城しだした。

このころから、急に兄モンケとの仲がおかしくなっていった。この兄弟対立は、史上よくしられている。その原因について、これまであれこれいわれている。しかし、真相はさだかでない。

モンケ政府による京兆私領の会計監査がおこなわれ、クビライ幕府から派遣された漢族実務スタッフのかなりの人数が、処刑あるいは放逐された。このことから、中華文明にのめりこみすぎるクビライをモンケが嫌ったという意見もある。しかし、ここで興味ぶかいのは、雲南遠征のさなか、クビライとウリャンカダイが不和となったという記録がみえることである。

モンケは、このあとみずからがおこなった南宋作戦がそうであるように、あきらかに短期決戦をのぞんでいた。雲南遠征も、華北からの正面進攻が困難だから認めただけで、クビライが早々に帰還してしまったのは、雲南からの南宋進攻を放棄する態度とみえたのかもしれない。ウリャンカダイは、クビライよりもモンケにこそ、忠誠をしめさなければならなかっただろう。

まして、雲南からもどったクビライは、完全に華北の経営に専念し、すみやかに南宋国への全面進攻をはかる気配さえみせていない。クビライ幕府の基本戦略のすべてが、皇帝モンケによって承認されていたかどうか、大いにうたがわしい。クビライ側も、モンケの意向を知りつつも、巧妙にことを運んでいこうとしすぎたのかもしれない。

ここに、発足から順調にきていたクビライ幕府は、一転して危機をむかえることになった。

## 4　奪権のプロセス

### 鄂州の役

一二五六年の夏、モンケは南宋親征を決意した。じつに、すばやい決断であった。そして、ただちにオッチギン家のタガチャルを主将に任命し、東方三王家と五投下を中核とする左翼軍団をひきいて襄陽・樊城をつかせるべく、進発を命じた。みずからは、翌年、中央軍をひきいて、六盤山から四川に打ち入る計画をたてた。雲南方面の攻略をほぼ完了したウリヤンカダイの部隊が、全体の右翼軍の役目をはたし、南宋国の側面ないしは背後から迫る手筈であった。

クビライと金蓮川幕府は、まったく否定された。金蓮川幕府の主力をなす五投下は、クビライから切り離された。京兆地区は召しあげとなり、クビライの権益は、ほとんどすべて没収された格好となった。クビライは、おいつめられた。

ところが、おもいもかけないことがおこった。翌一二五七年、予定どおり襄陽・樊城にとりついたタガチャル麾下の左翼軍は、わずか一週間の包囲ののち、かんたんに攻略をあきらめて撤収してしまったのである。

原因はわからない。しかし冷静にかんがえれば、クビライ幕府が慎重策をとっただけの理由はあったのである。この撤退は、クビライ幕府のただしさを証明するかたちとなった。くわえて、タガチャルをはじめ、帝国屈指の強力な軍団であるはずの、東方三王家と五投下の戦意のなさはおおいがたい。

弟のクビライをはずして、親征に打ってでたモンケにとって、初戦からの失敗は衝撃となった。親征の作戦計画の鍵は、タガチャル左翼軍にあった。左翼軍が漢水流域を制圧し、さらに長江中流から下流をおさえていく後方を、モンケ本軍はおもむろに進むつもりであった。作戦計画は、事実上、崩壊した。とうぜん、モンケは激怒した。

今度はタガチャルがはずされた。いまやモンゴル高原を旅立って南下の途上にあったモンケは、ふたたびすばやく決断した。それはクビライの再起用であった。ただし、クビライ幕府の基本戦略を採るのではなく、短期決戦の方針はそのままにして、クビライにタガチャルの代役を期待したのである。

クビライは、妥協をすすめるバアトルと姚枢の意見をいれて、モンケの行営地《こうえいち》に出頭した。三年ぶりにまみえた兄弟は、涙をながして抱きあったという。しかし、作戦計画は、大きくは変わらなかった。解体した左翼軍について、修正案が出された。主将を更送されたタガチャルは、東方三王家軍をもって、「空白の壁」を東南にこえ、淮水下流の荆山《けいざん》をめざす。クビライは、なんと「空白の壁」を北からまっすぐに縦断して、長江中流域の鄂州《がくしゅう》をつくというのである。そこは、南宋領を南から縦断してくるウリャンカダイ軍との会合地点であった。

タガチャルにも、クビライにも、きびしい修正案であった。南宋国を北から強攻する困難さを承知のうえでの指令であった。モンケは、反省していなかった。作戦そのものをおもいとどまったり、根本から見直すつもりは、まったくなかった。

モンケは、あまりに強気すぎた。個人としては、有能であったが、帝王としては、配慮に欠け、みずからの面子《メンツ》をおもんじすぎた。自分の才腕に自信をもちすぎていたのかもしれない。そして、自分以外の人間に酷薄すぎた。

修正案では、タガチャルもクビライも、「死地」におもむけ、といわれたのに等しい。かたや、モンケ自身のほうは、周到な用意のある六盤山と京兆を基地にして、すでに幾度となくモンゴル側が攻勢をかけた経験のある四川へおもむくわけである。

モンケにも、それなりの大義名分はあった。タガチャルがめざすのは、南宋の両淮制置司《りょうわいせいちし》であり、クビライの目標は、京湖《けいこ》制置司である。そして、自分が担当するのは、四川制置司である。南宋国は、その北境にこの三セットの大軍団を配備していたから、それぞれを攻略するという名分はなりたつ。

しかし、この一見、巧妙にみえるモンケの新作戦計画には、モンケ自身にとって大きな落とし穴がひそんでいた。それは、行動日程上、ともかくも皇帝モンケ自身が、もっともはじめに敵にとりつくかたちとなってしまったことである。かたや、クビライとタガチャルはすぐさま出撃することはできなかったし、またしなかった。モンケだけが、戦うはめになった。

クビライは、会談後、いったん金蓮川にもどり、手まわりの兵をかきあつめて出発した。一二五八年十二月二十七日のことである。すでに、モンケはその秋から四川に侵攻していた。タガチャルひきいる東方三王家は、左翼軍の主将となったクビライと会合するため、クビライ私領のひとつ河北の邢州《けいしゅう》へと北上した。会合は、翌年四月におこなわれた。

クビライは、その一二五九年の夏期を、山東西半の大軍閥である厳忠済《げんちゅうさい》の勢力圏のただなか、その中心都市の東平にほどちかい「曹濮《そうぼく》の間《かん》」に軍団ごと野営してすごした。曹州と濮州のあいだである。クビライは、華北でもっとも危険な最大の軍閥の膝もとにとびこんだのであった。ここで、漢人軍閥たちとの談合がかさねられ、かれらの全面協力が約された。

かくて、軍団編成と糧秣補給にある程度めどのたったクビライは、秋とともに黄河を渡り、巨大な「空白の壁」を縦断すべく踏みだしはじめていた。そして九月。淮水を渡ろうとしていたクビライのもとに、モンケ本隊に従軍していた庶弟のひとりでクビライ自身には乳兄弟でもあるモゲからの密使が到着した。皇帝モンケの他界の報であった。

ラシード・ウッディーンの『集史』は、クビライとバアトルの密談を伝える。バアトルの進言は、作戦どおりの南下であった。クビライの漢人ブレインのひとり郝経《かくけい》によれば、淮水の北の汝水《じょすい》を渡った汝南《じょなん》の地で、モンケ崩御を伝える正式の使者が到着したという。ここで、漢人ブレインたちもまじえた緊急会議がひらかれた。郝経自身は、「班師《はんし》の議《ぎ》」、すなわち軍をもどす提言をおこなった。しかし、結論は鄂州へ、であった。

兄モンケとの不仲を「解消」したばかりのクビライにとって、きたるべき帝位継承をかんがえると、あせって北還するよりもむしろ作戦計画どおり南下したほうが有利であった。名分上は、モンケの遺志を継承する姿勢を表明することになる。モンゴルがひとしくおそれる長江を押しわたれば、その印象は強烈である。あえて捨石になって、中国大陸に散った諸隊の殿軍《でんぐん》をつとめることになるからである。しかも、不和であったウリャンカダイひきいる右翼軍を敵中より救出することにもなる。そして、現実には、北へすぐさまひきあげれば、せっかく新編成なったばかりの大軍団は、たちまちちりぢりとなって解体してしまうだろう。帝位が武力争奪となるなら、この大軍団を握りつづけたほうがいい。

こうして、史上有名な「鄂州の役《えき》」となった。戦闘そのものは、たいしたことはなかった。しかし、この戦役のもつ意味は大きかった。それは、ここでまみえたクビライと賈似道《かじどう》ふたりの主将が、どちらもこの戦役をバネにモンゴルと南宋の実権者に駆けあがるからである。

## クビライの乱

南征諸隊のしんがりをかって出たかのように長江を押しわたって、鄂州を囲んだクビライの壮挙に、なりゆきを見つめていたモンゴル側の諸勢力は、息をのんだ。じりじりと、クビライのもとに合流しだした。そして、ついに、東方三王家の大軍団をひきいるタガチャルが、合流を決意した。クビライとバアトルの賭けは、あたった。

情勢は、クビライにむけて流れはじめた。そうなれば、鄂州にこだわる必要はもはやない。バアトルは、自分が残留してウリャンカダイ軍をまちうけるむねを述べ、クビライの北還をうながした。ときは、きた。クビライは、タガチャルをはじめとする諸軍に北転を伝えた。こうして、クビライ諸軍の「大返し《おおがえ》」がおこなわれた。クビライ自身も、軽騎をひきいて、漢水流域から襄陽、開封をへて北上した。めざすは、中都であった。

西暦一二六〇年一月十日、中都に到着したクビライは、自派の諸軍の参集をよびかけた。雪だるま式にふくれあがったクビライ派は、四月になると、開平に北上して、クリルタイをひらいた。新帝となったクビライは、そのとき四十六歳であった。

かたや、アリク・ブケは、モンケの葬儀をとりしきったのをはじめ、首都カラ・コルム地区で正当な手続きをふんでクリルタイをひらき即位した。帝国の主要な面々は、むしろこちらに参加した。クビライは、兄の葬儀にも参列せず、モンゴルにとっては首都でもない開平で自派を結集して即位した。

どちらが当時、正統の大カアンとおもわれたかを、簡単にしめすことがある。それは、この紛争に、ついに直接かかわることのなかったジョチ家の態度である。当主ベルケは、アリク・ブケの名を刻したコインを発行している。アリク・ブケが第五代の大カアンであったまごうかたなき証拠である。

この紛争の結果、ドサクサまぎれに政権をうちたてたフレグ・ウルスは、当然、クビライを正統としなければならない立場にあった。そこで編纂された『集史』においてさえ、アリク・ブケとその血脈については、特別な扱いをせざるをえなかった。通説では、「アリク・ブケの乱」というが、現実は「クビライの乱」であった。

しかし、正統性とは別に、帝位のゆくえは武力で決まった。東方三王家と五投下を中心に左翼勢力が結束したクビライ陣営は、強力であった。アリク・ブケは、現皇帝であったばかりに、妻の実家である西北モンゴリアのオイラト族以外に、肩入れをする与党にとぼしかった。

四年間の帝位継承戦争がくりひろげられたのち、アリク・ブケとその政府首脳は、ゆきばを失って、クビライの軍門にくだった。クビライ政権は、帝国東方の左翼勢力を基盤とするクー・デタ政権であった。そのことが、モンゴル帝国のゆくえも、世界の運命も決した。

## 世界史の大転回

帝位継承戦争による紛乱の間に、モンゴル帝国では、クビライの大カアン政権のほかに、西北ユーラシアのジョチ家、中央アジアのチャガタイ家、西アジアのフレグ家が、それぞれ自立する態勢をととのえた。モンゴル帝国史研究者であるP・ジャクソン氏は、大カアン政権とフレグ・ウルス、それに対抗するジョチ・ウルスと中央アジア方面のオゴデイ、チャガタイ連合勢力という図式を重視して、これをモンゴル帝国の解体とよぶ。

解体とまでいいきってしまうのは、いささか大胆すぎる。とはいえ、これまですくなくとも、「帝国の分裂」という考えかたは、ふつうのことであった。しかし、事実をありのまま見つめなおすと、これさえ、かなり現実にあったことよりも誇大にみつもっているようにおもわれてならない。

たとえば、クビライ時代におこなわれたモンゴルどうしによる幾つかの「戦争」を原史料にたちかえって検討しなおしてみると、じつは予想に反し、ほとんど殺しあいはしていない。「戦争」という名のデモンストレイションにちかい。血は、めったに流されていない。モンゴルはモンゴルを殺さない。それが、モンゴル帝国という共同体の特徴である。

ふつう、クビライにたいして、もっとも反抗したといわれているのは、オゴデイ家のカイドゥである。しかし、なんとおどろくべきことに、そのカイドゥにしても、じつはクビライと直接に戦ったことは、ただの一度もない。カイドゥは、大カアンのクビライを否定してはいない。これまで、当然のように、カイドゥもその重要メンバーであった一二六九年のタラス会盟は、カイドゥが大カアンに選出されたクリルタイであったかのようにいわれている。しかし、それは、まったく根拠もなにもない。「カイドゥの乱」とか、「中央アジア四十年戦争」とかいった考えかたも、じつはイメージが先行した面がつよい。

実際のところは、せいぜいモンゴル帝国間のうちわもめか、主導権あらそいぐらいのことであった。たとえば、もっとも早く自立化したといわれるジョチ・ウルスにしても、国家とよべるほどの内容と体裁をそなえるのは、十四世紀になってからのことである。これまで、ともすれば西欧流の強固で厳密な国家のイメージを、かぶせすぎてきた。ユーラシアの、とくに内陸部に興亡した諸政権は、もっと曖昧模糊《あいまいもこ》として輪郭もさだかでなく、いいかげんなものが多い。それでも、やはり政権であり、国家なのである。つまり、われわれの「国家観」こそが、問題なのである。それを歴史の数多くの現実にあうように、正直かつ素直なかたちで、もう一度とらえなおす必要があるだろう。

モンゴル帝国についても、おなじ枠内に生きている人間集団による見かけのうえでの対立を、近現代の感覚で丸ごと鵜呑みにしてそのままうけとり、あたかもまったく別種の国家や民族間の対立・抗争のように考えすぎていた。しかし、それはイメージ過剰である。もし、モンゴル帝国内で食うか食われるかの熾烈な対立を本当にしていたのならば、有名な駅伝《ジャムチ》をはじめ、ユーラシア東西をむすぶ交通は途絶していなければおかしい。事実においては、そうした形跡は見あたらない。

チンギス・カンの草創期から、すでにモンゴルは連合体であった。権力の多重構造は、モンゴル帝国をつらぬく大きな特徴であった。それは、従来いわれるように、クビライ時代になって現れたことではない。

もちろん、モンゴル帝国は、一二六〇年を頂点とする紛乱によって、たしかにそれまでのように帝国全体がひとつとなって大遠征をくりだすということはなくなった。くわえて、クビライの政権が、大カアンの宗主権は保持しつつも、現実には「東方帝国」となってしまったことも事実である。しかし、そのいっぽう、やはり大カアンは帝国全土でクビライただひとりであった。かれの命令だけは、「ジャルリク」、すなわち「おおせ」といって、ただたんに「ウゲ」、すなわち「ことば」とだけ表現された他の君主や諸王たちの命令とは、あきらかに一線を画す絶対命令であった。これは、まごうかたなき証拠である。ようするに、モンゴル帝国というシステムは、表面上の不和・対立とは根本においてかかわりなく、維持されていたといっていい。

そもそも、P・ジャクソン氏がいうように、本当にモンゴル帝国が「解体」していたのならば、十四世紀になってからのモンゴルを中心とするユーラシア大交流を、はたしてどう考えたらよいのだろうか。

一二六〇年前後をさかいとして、モンゴル帝国は、その内側にさまざまな対立をかかえながらも、大カアンの中央政権のほかに幾つかの複数の政治権力の核をあわせもつゆるやかな多元複合の連邦国家に変身しはじめたのである。モンゴルは、みずからも、まったくあたらしい時代に入った。そして、ユーラシア世界もまた、多極化したモンゴルを中心に、それぞれの地域・国家・集団が自他の区別にめざめて活動し連携しあう新時代にみちびかれていった。それは、人類史上、かつてそれとして明確には味わったことのない状況であった。世界史は、大きく転回したのである。

# 第三部　クビライの軍事・通商帝国

## 1 大建設の時代

### なにを国家理念の範とするか

モンゴル帝国は、「大カアンのウルス」であるクビライの帝国を中心に、その他のウルスがとりまく二重構造となった。それぞれの一族ウルスが帝国といってもいい規模をもっていたから、宗主国のクビライ帝国以下、いくつかの帝国グループ全体が、モンゴル世界連邦を構成したと見てもいい。クビライは、新時代の世界連邦の中心にふさわしい新国家をつくろうとした。

では、あたらしい国家をつくろうとするクビライのまえに、その範となるような国家や政権が、歴史上にあったのだろうか。それなりに、世界規模で適応できるような前例が、はたしてあったのだろうか。

クビライは、即位後、それまでよりもいっそう熱心に、ブレインや政治顧問を人種をとわずに召しかかえた。あらゆる「文明圏」についても対応できるよう、あらゆる国家・地域からのブレインたちをひととおりそろえるようつとめた。

だから、クビライが、過去に興亡した国家や帝国のパターンについて、情報や判断材料をととのえることは、さほどむつかしくはなかったはずである。

たとえば、かれに仕えた漢族官僚のひとりに、王惲《おううん》という人物がいる。中国史上でも屈指の記録魔であった王惲は、クビライ「即位」直後の政権とその周辺について、かれ自身が見聞したことを日記風につづった貴重な記録をのこしてくれている。その『中堂事記《ちゅうどうじき》』によれば、クビライは対アリク・ブケ戦のゆくえがまださだかでない混沌たる情勢のさなか、往時のさまざまな国家の制度・典範・機構についてくわしくしらべるよう、下命している。

王惲のかきかたにしたがえば、それはおもに「漢唐《かんとう》」の国都のプランやさまざまな政治・行政・経済のシステム、さらに国家典範やその理念についてであった。王惲はクビライにとって中華文明にかかわる文化・行政担当スタッフのひとりであった。かれ自身が見聞・体験したクビライ政権のことがらも、どうしてもそちらの面にかぎられる。

ところが、おなじ漢文の記録でも、モンゴルやウイグルの著名な将官や臣僚にかんする個人記録である碑誌《ひし》・伝状《でんじょう》のたぐいをみると、クビライはそのころ、モンゴルやウイグルのブレインたちとも、古今東西の例をあげてさかんに政権論・婚家論をたたかわしている。王惲の証言は、事実のうちの一部だけを、結果としてつたえていることになる。

ここでおもしろいのは、ムスリム官僚たちとの討論は、すくなくとも漢文のうえでは、ほとんど確認できないことである。しかし、客観情勢や、その後の事実展開からかんがえると、記録がないことが、事実がなかったことをかたるのではないようにおもわれる。

一般に、この時代の漢文史料は、ムスリム官僚や商人たちについては、あしざまにいう記

大元ウルス
カサル王家
オッチギン王家
オイラト王家
北平王家
応昌
遼陽
コンギラト王家
上都
カラ・コルム
チンカイ・バルガスン
オングト王家
大都
開城
高麗
耽羅
エミル
コボク
カヤリク
ビシュ・バリク
ウイグル王家
コムル
カラ・ホジョ
アルマリク
クネース
カーシュガル
エチナ
涼州
サチュ
コデン王家
開成
南京
揚州
臨安
安西王家
京兆
襄樊
鄂州
西平王家
ホタン
成都
南宋
ラサ
雲南王家
大羅
陳氏大越国
スルターン朝

西暦1260年代のモンゴル帝国

録しかのこしていない。モンゴル支配にたいする怨念とうらみは、すくなくとも記録のうえでは、ほとんどムスリムに集中しているといってもいい。それは、「文明意識」と価値観のちがいによる「ムスリム・アレルギー」といってもいい。

クビライの国家建設事業の大半を現実面でになったのは、じつは、アフマド、サイイド・アジャッル、アリー・ベグなどを筆頭とするムスリム経済官僚たちであった。クビライが、かれらとさまざまに構想をこらしたとき、イスラームの国家と社会についても、はなしがおよばなかったとするほうが、むしろ無理だろう。それにもともと、イスラーム世界については、モンゴルはチンギス時代からふかいかかわりがあった。だから、情報・知見に不自由することも、なかったではあろうが。

おなじようなことは、ヨーロッパについての知見でもいえる。古代ローマ帝国からはじまって、ビザンツや西欧諸国家についての情報や知識も、クビライが利用できなかったとするほうが、かえってむつかしい。それに、各モンゴル・ウルスは、情報の収集ばかりではなく、その情報の相互交換や相互提供についても、きわめて熱心であった。

そもそも、ヨーロッパにかんする情報は、おそくとも一二四六年以後は、モンゴル政権のもとに蓄積されつづけていた。一二四六年、グユクの即位式には、ヨーロッパで絶大な権力をふるうローマ教皇インノケンティウス四世のもとより、正式な使節としてつかわされたプラノ・カルピニのジョヴァンニが参列していた。カルピニは、ヨーロッパの様子を、あれこれとのべたてた。こうしたヨーロッパからの訪問者は、モンケ時代のルブルクのギョームもふくめ、その後も絶えることなくつづいた。

さらに、それよりも前におこなわれたバトゥの西征も、ヨーロッパ情報を収集するよい機会だったろう。クビライ自身の周辺についていえば、マルコ・ポーロ一家が、はたして実在していたかどうかは別として、その『見聞録』のもととなった体験をしたヨーロッパ人が相当数、出入りしていたことは事実である。クビライは、そういう人たちからも、ヨーロッパ事情を聴取できただろう。

クビライは、そのときまでの古今東西の知見をよりあつめ、あれこれと検討することができる環境にあったとみていい。モンゴルとは、そういう「世界性」のある政権である。そして、モンゴル時代とは、そういう時代であった。

しかし、クビライにとって、けっきょくのところ、そのままのかたちでは、国家理念の範とできる先例はなかったのではなかろうか。

いわゆる一連の「ローマ帝国」のパターンが、そのままで役立つはずはなかったが、物流システムや経済機構については、参考にした可能性は十分ありえる。

イスラーム国家のパターンも、イスラームそのものを政権として全面導入しないかぎり、意味をなさない。とはいえ、政治・経済・社会、いずれのシステムにおいても、排他性をあまりもたず、異邦人にもオープンな点は、参考にあたいしたことだろう。人種にこだわらないだけでなく、宗教にかんしても、その国家・社会のうちに他のものが同時に存在することについて、けっしてこばむことはないイスラームのありかたに、参考になる点はあっただろう。そして、とくに財務機構については、イスラーム中東での伝統とやりかたをそっくりといっていいほどとりいれた。

中華帝国のパターンは、財務・経済面を別とすると、クビライにとって、まえのふたつよりは、だいぶ現実性があった。なによりも、巨大な帝国機構のながい伝統と経験の蓄積があった。くわえて、特定のイデオロギーや宗教にたいして、極端なこだわりやかたむきは、ほとんどもたない。

もちろん、「華夷思想」や「中華主義」という独特の価値観は別である。しかし、モンゴルが完全に中華の主人となってしまってからは、「華夷思想」は、モンゴルたちにとって漢族士大夫・官僚たちのかわったくせ」くらいにしか見えなかったことだろう。もうひとつの「中華主義」は、もともと支配者側によりそいやすい体質がある。

中華帝国の本質は、極言すれば、厖大な軍隊と官僚体制、それをささえるための地方組織という名の徴税機構、およびそれらの人事の中央管理、そしてそれらもろもろの結果としての巨大な中央機構と巨大な首都であった。これらの「ハード」な側面は、クビライのあらたな巨大国家構想にとっては、きわめて有益な参考例にちがいなかった。

とりわけ、巨大な中央機構と堅牢な行政組織は、モンゴルもふくめて、それまでの草原帝国にもっとも欠けていた点であった。クビライは、大いにこれをとりいれた。とくに、中国本土の統治については、中華帝国のパターンを、そっくりそのままのかたちではなかったが、応用と工夫をくわえつつ適用した。この結果、たしかに、クビライ国家は、一面で中華王朝の外被《がいひ》をも、よそおうこととなった。とはいえ、それはたぶんに、見かけのうえでのすがたであったが。

ひるがえって、もうひとつ、遊牧帝国のパターンも、もちろんクビライのまえにあった。とくに、中央ユーラシアの東西にまたがって、それなりに雄大な版図をもったキタン帝国は、よい先人であった。モンゴル時代の中国では、中央アジアでの第二次キタン帝国を「西《せい》遼《りょう》」と呼んだ。いっぽう、もとの遼朝を「東遼《とうりょう》」とも呼んだらしい（この証拠は筆者が知るかぎり、山東省曲阜《きょくふ》にある孔子廟に現存する『褒崇祖廟之記《ほうすうそびょうのき》』の碑陰がただひとつの例である）。しかし、この東西ふたつの遼朝キタン帝国のパターンは、すでにモンゴルにとって血となり、肉となっていた。クビライにとって、もはや、あたりまえの参考例でしかなかった。

かたや、その「東遼」政権をひきつぎ、かつ中華の北半分をおさえた金朝も、新国家構想にとって、それなりに有益な前例ではあった。南北ふたつの世界の接合という点では、キタン帝国よりも参考となる点は多かっただろう。クビライの漢族ブレインやスタッフは金朝治下で育ったものたちが多く、金朝での方式や長所・短所によく通じていた。しかし、金朝も、その規模と多様性において、しょせん「中型帝国」であった。クビライの新世界国家の範とは、とうていならなかった。

クビライには、そのままのかたちで範とするような先例は、ほとんどなかったといってよいだろう。かれは、さまざまな事例やパターンを参考にし、その有益な部分はとりこみながらも、根本においては、自分とブレインたちによって、あたらしいなにかを創造しなければならなかった。それは、人類史上、最大の規模における創造なのであった。

## *大元ウルスは中華王朝か

これまで長いあいだ、クビライ政権を、まったくの中華王朝のように考えるのを当然視してきた。「元朝」などと呼んで、歴代の中華王朝史の系列のなかのひとつのようにあつかってきた。

すでにのべたように、このころの漢文史料には、どうしても独特の偏向と限界がある。モンゴル自身にかかわる漢文文献のあつかいには、よほどの慎重さと細心さがいる。ときに、ある種の「嗅覚」とでもいっていいものが必要である。そういう研究上、もっとも肝心・微妙な点について、これまであまり配慮してこなかった。もしくは、ときとして一部ではあるが研究者自身が「中華主義」に身を寄せすぎるあまり、あえて現実から目をそらして、事態を事態として、ありのままにうけいれることをしなかった。

もとより、モンゴル統治時代の中国本土には、中国史としての人びとの歴史は脈々と息づいていた。それは、とうぜんのことである。「民衆史としての中国史」は、大切である。いくら重要視しても、しすぎでない。

むしろ、逆にこれまでは、モンゴル史でも中国史でもなく（まして世界史でもなく）、どっちつかずの奇妙な歴史像を描くことが多かった。「あたりまえの中国史」としての幾多の側面については、ほとんどかえりみられることがなかった。それは、研究上の大きな問題点であり、今後ぜひともとりくまなければならない課題なのである。しかし、そうしたことを大事におもうことと、国家としてのモンゴル政権そのものが、あたかも中華王朝となったかのように主張するのとは、まったく別のことである。

もちろん、クビライ政権とモンゴル帝国のどちらの面からみても、中国本土は重要なところではあった。しかし、あくまで一部分にすぎなかった。

また、クビライ政権の国家機構の面からみても、中華帝国の色彩は、とくに中国本土にかかわる行政組織のうちの、さらにその中・下部においてこそ、たしかによくみとめられる。しかし、大元ウルス治下のその他の地域についてはもとよりのこと、軍事・政体・財政など、国家・政権のもっとも根幹にかかわる局面については、中華色は、かぎりなくうすいといわざるをえない。これは、先入観をもたずに、史料を素直にながめれば、おのずから見えてくる。

ここでいうのは、あくまで国家・政権についてである。クビライ帝国の本質は、あらたに編成しなおしたモンゴル世界帝国であった。クビライ帝国そのものは、けっして中華王朝となったわけではない。あくまで中華帝国の方式の一部導入であり、新型の世界国家構想のなかのひとつの柱としたということである。

## 第二の創業

クビライにとって、草原帝国としてのモンゴル連合体とそれにもとづく軍事力は、権力の根源である。「草原の軍事力」は、やはり、その国家構想の根本におかなければならない。

しかし、それだけでは駄目である。武力で帝国の覇権をにぎったものの、フレグ、ベルケ、そしてチャガタイ家のアルグという西方の三人の巨頭のあいつぐ死去で「統一クリルタイ」は流れた。帝国のすみからすみまでを、武力で制圧することは、現実にはありえない。

とくに、はるかにとおい西北ユーラシアのジョチ・ウルスなどは、もともとモンケーアリク・ブケのラインを支持していた。一二六五年、フレグ急逝につけこんだつもりで南侵したベルケは、むかえうったフレグの後継者アバガとの対陣中に他界してしまっていた。

そのしばらくまえ、ベルケは、統一クリルタイへの参加を了承してはいた。しかし、フレグの同時参加を条件に、「しぶしぶ」ながらに了承したのであった。けっして、よろこんで承諾したのではなかった。

クビライには、そうした内心での反対勢力もふくめ、全モンゴルにたいして確実かつ永続して、クビライ政権をみとめさせつづけるなにかが、必要であった。承認をせまるもうひとつの力が必要であった。

それは、富《とみ》であった。モンゴルの大カアンは、モンゴル共同体の人びとに安寧と繁栄をもたらすからこそ、ゆいいつ絶対の権力者としてえらばれる。余人では不可能な富を、かれらにあたえつづける仕組みをつくりだせばよいのであった。そうすれば、すべてのモンゴル成員たちは、クビライとその血脈の権力をモンゴル大カアンとして、いただきつづける。

ひるがえって、属領にたいするモンゴルの態度は、モンケ時代までは、しょせんは統治ではなく、収奪にちかかった。しかし、もはやそれでは駄目である。富を管理し、いっそうの富をつくりだす仕組みが必要であった。統治から、さらには経営にすすむ必要があった。

富の源泉は、巨大な属領であった。とくに、ユーラシア最大の富と人口をもつ中国である。ようするに、「中華の経済力」が国家構想の二番目の柱となる。

そのためにはまず、中国全土を手中におさめる必要がある。そして、草原の世界と中華の世界というふたつの異なる世界をつないだあたらしい国家のかたちと仕組みをつくらなければならない。それは、軍事と経済の共生といってもいい。草原と都市の複合といってもいい。

ただし、ただたんにふたつの世界、ふたつの要素をくっつけただけでは駄目である。草原世界を骨、中華世界を肉とすれば、そこに生気をあたえ循環する血が必要であった。その血とは、なにか。それは、物流であり、通商である。

では、そのおもなにない手は、誰か。それは、すでにモンゴルとむすんでユーラシアの内陸通商をにぎっていたムスリム商業勢力をおいてほかにない。それを従来よりも、もっと国家機構のなかにとりこんで、政治権力と行政組織のもとに、よりいっそう密着させ、一体化させたかたちでシステム化することである。巨大・多様な社会を流通面から国家権力が誘導したかたちで、もっと有機化し、産業化をうながすことである。つまり、クビライの国家構想の第三の柱は、「ムスリムの商業力」である。

ここに、クビライ新国家の基本構想は、草原の軍事力、中華の経済力、そしてムスリムの商業力というユーラシア史をつらぬく三つの歴史伝統のうえに立ち、その三者を融合するものとなった。クビライ政権は、草原の軍事力の優位を支配の根源として保持しつつ、中華帝国の行政パターンを一部導入して中華世界を富の根源として管理する。そして、ムスリム商業網を利用しつつ、国家主導による超大型の通商・流通をつくりだす。

とうぜん、草原と中華を組みあわせる軍事・政治体制が必要である。政治権力と物流システムのかなめとなる巨大都市が必要である。その巨大都市を発着・終着の地とする交通・運輸・移動の網目状組織が必要である。

そのうえで、大カアンはすべての構成要素をとりしきるかなめにいて、軍事・政治・行政・経済の要点をおさえ、物流・通商に課税して国家財政を充実させる。その収入から賜与というかたちのものをモンゴルたちにわけあたえ、モンゴル連合体を維持する柱とする。その賜与は、おそらくその多くが、ふたたびムスリム商業資本をつうじて、物流・通商活動に投入され、モンゴル全域でいっそうの経済活動の活性化をもたらす。こういう図式であった。

こうであれば、モンゴル国家そのものや、さらにその属領が、たといいかに、さまざまなレヴェルの分権勢力によって細分され、モザイク状になっていても、物流と通商は、そうした分有体制をのりこえてしまうのである。そして、富の根源と流通のシステムをにぎった大カアンは、かつてない巨大な富の所有者となり、帝国の分立はのりこえられてしまうのである。それが、クビライとそのブレインたちが構想した大統合のプランであった。

チンギスの国家草創を第一の創業とすれば、これはまさに、第二の創業とよぶにふさわしい根本からの変容であった。

くわえて、ここで注目しなければならないのは、クビライとそのブレインたちは、この構想を政権確立もまだおぼつかない段階から、どうやらかんがえていたようなのである。しかも、この構想をいだいたほとんどその当初から、海上とのリンクもかんがえていたらしい。

いいかえれば、クビライとその側近グループたちは、遊牧世界と農耕世界、さらに海洋世界という三つの異なる世界のジョイントを構想したのである。それを、全ユーラシア規模でやろうとしたのである。

## 「首都圏」の出現

クビライとそのブレインたちは、壮大な国家建設プランのもとに、つぎつぎと、さまざまな巨大プロジェクトを実施にうつしていった。それは、政権確立後まもない時期から、ほぼ同時にいっせいにはじめられた。そして、クビライが長逝する前後まで、およそ三十年のあいだ、ずっと推進されつづけた。

もちろん、そのときどきのおもいがけない事件や反乱、突発事によって、はじめの計画や予定どおりにいかないこともかなりあった。しかし、それでも、ほとんど中断することなく、一連の巨大な国家プロジェクトがおしすすめられた。西暦一二六四年から一二九四年までのクビライの治世の間は、ユーラシア史上まれにみる大建設の時代となった。

まず、遊牧草原世界と中華農耕世界にまたがる政権の背骨をつくるため、クビライは、覇権の確立がまちがいなくなると、モンゴル帝国の首都の移動を、内外に宣言した。モンゴル本土の中央部にあるカラ・コルムから、ふたつの世界が接触するみずからの根拠地へ、である。

内蒙古の金蓮川の草原にある開平《かいへい》。そして、華北の拠点都市である金朝の故都の中都。――それぞれが、上都《じょうと》、中都《ちゅうと》とあらためて正式に命名され、あらたな帝都となった。あたらしいモンゴル帝国は、ふたつの首都をもつこととなった。

この両京制《りょうきょうせい》は、たとえば、いにしえの唐の長安と洛陽のそれとは、まったく性格をことにした。というのは、クビライの場合、宮廷と政府と軍団が、夏期は金蓮川の草原、冬期は中都地区へと、まるごと一年の半期ずつを季節移動したのである。クビライ王朝は、定期移動をくりかえす権力となった。

これが、遊牧軍事力を保持しつつ、経済力をもにぎるという、一見すると矛盾するふたつの命題を両立させる方式であった。しかし、それだけならば、遼金ふたつの先輩の帝国と、じつはそう変わるところがない。ところが、クビライ帝国の場合、ただの「デュアル・キャピタル」、すなわち「ふたつの都」ではなかった。

クビライは、さしわたしおよそ三五〇キロメートルにおよぶ長楕円形の移動圏のなかに、ふたつの都のほか、宮廷・政府・軍団の移動経路にそって、点々と、数多くの都市や施設をもうけた。

さまざまな種類の官営工場都市や宮殿都市、軍需都市をはじめ、穀物や資材を集中備蓄するための巨大な倉庫群があつまる都市、宝物や財貨をたくわえる専用の都市、各種の特殊な任務をそれぞれおびた近衛軍団の駐営都市や駐屯基地、すべての駅伝網をたばねるターミナル、そして軍馬専用の巨大な官営牧場群とその管理施設――。これらが、モザイク状にひろがった。

たとえば、上都からそうとおくないところに、「シーマーリーン」という名の都市があった。サマルカンド出身の織物技術者を家族ごと三〇〇〇戸、集住させた町である。ここでは、最高級の各種の織物や服地、衣装が、官製の「おすみつき」でつくられた。それらは、クビライ王朝だけでなく、ユーラシア各地のモンゴル王族・貴族の式服・宴会服となった。大カアンのおくりものや賜与品の重要なひとつとしてもつかわれた。さらに最高品質の保証つきで売りだされ、高価でとりひきされた。

この都市の名は、漢字で「蕁麻林《じんまりん》」と、いささか面妖《めんよう》な字ならびで、あらわされた。漢字の音は、「シェン・マー・リン」である。このことからフランス東洋学の碩学《せきがく》ペリオは、この町がラシード『集史』のクビライ・カアン紀にみえる「シーマーリー」という東方の特殊な工芸都市にあたることを提唱した。いまから数十年もまえのことである。卓見であった。「蕁麻林」は、サマルカンドの住民を意味するペルシア語の「シーマーリー」にもとづく。それが語尾に「ン」の音をつけやすいモンゴル語で「シーマーリーン」と発音されたのを、そのまま漢字で音写したのである。東西の文献が合致するめずらしい例である。それは、それだけこの町の名が、東方だけでなく、イラン方面にも鳴りひびいていたことをものがたる。

なお、この町は、明代には、「洗馬林《せんばりん》」と音はおなじでも中国風の別字であらわされ、明朝の北方辺境にあるごくありふれたただの集落となってしまった。政権のちがいが、ひとつの町の運命を変えてしまった。こうした例は、中国全土にわたって、数多くみられる。

このシーマーリーンの町のちかくには、いくつかの工芸都市や官営工場都市が集中してあった。葡萄酒づくり専門の町さえあった。葡萄酒は、帝国の儀式・会合・宴会で、とびきりの飲料とされた。モンゴルの付属国となっていたウイグル王家のおさえる現在のトゥルファン盆地からの最高級品のほか、クビライ政権の膝もとでも、中央アジア出身者による葡萄栽培と葡萄酒づくりが導入されたのである。

かたや、弘州《こうしゅう》と、いかにも中華風の名まえをもつ都市には、サマルカンドもふくむ中央アジアからの技術者・工芸家たちが住み、華北の織工や技術者もあつめられた。東西の工匠たちが、おなじ町に暮らしたのである。ここでは、織物だけでなく、各種の技術産品や、さらに特別製の武器・兵器・戦闘具などもつくられた。多目的の官営工場都市であった。

こうした科学者・技術者・工芸家の集住化と組織化、さらにそれにともなう技術・品質の高度化、生産・輸送の能率化のもつ意味は、明瞭である。それを、クビライ政権はこののち南宋接収後もふくめて、一貫してあきらかに意図して推進した。現代にもつうじる科学技術政策、産業促進政策をおこなったのである。

軍事面でいえば、これらの都市や施設が点在するエリアの北半分が、クビライ直属軍団の夏営地であった。そして、南半分が冬営地の役目をはたした。各軍団は、北には夏期専用の牧地と軍屯地、南には冬期専用の牧舎つき越冬ベース・キャンプをそれぞれ一組ずつ保有した。そして、大カアンにつきしたがって南北に大移動した。

ようするに、クビライは、モンゴル高原と華北平原にまたがるこのエリアのなかに、新帝国の軍事・政治・経済の諸機能を集中させたのである。そして、ここからモンゴル帝国の全土にむけ、水陸の運輸・交通・通信網をはりめぐらせた。とくに、北の上都地区には、帝国各地に大カアンの指令をつたえる急使専用の高速騎馬部隊が常置された。状況と緊急度に応じて、数騎から数百騎の単位でいつでも緊急発進できる態勢をととのえて待機していた。

クビライは、「点」としてのふたつの首都ではなく、「面」としての首都圏を創出したのである。この首都圏が、すべての支配の中核地域となった。「大元ウルス」の大カアンは、そのなかを巡歴して、軍事・政治・行政・経済・産業・物流・交通を一挙にして掌握したのである。

クビライは、みずからの首都圏をつくりだすだけにとどまらなかった。クビライ政権の誕生のさい、中心勢力となった左翼の東方三王家、コデン王家、五投下、オングト駙馬家などの集団の遊牧地、本拠地は、クビライの新首都圏を中央にして、東は現在のシリン・ゴール草原、熱河草原から、はるか興安嶺の北部にまでおよび、西は陰山《いんざん》をへて甘粛・青海にいたる内蒙古大草原と青海地方に巨大な連鎖状をなしてつらなっていた。かれらも、もともと、それぞれの遊牧所領地のなかを、高低差によって南北ないし東西に季節移動していた。

これらの集団と王侯たちも、クビライのパターンにならい、いっせいに小型の夏都と冬都を、それぞれの夏営地と冬営地にもうけた。そして、各種の施設をそのエリアのなかに点在させた。一挙に出現したこれらの数多くの夏都と冬都には、あきらかに共通した点がみられ

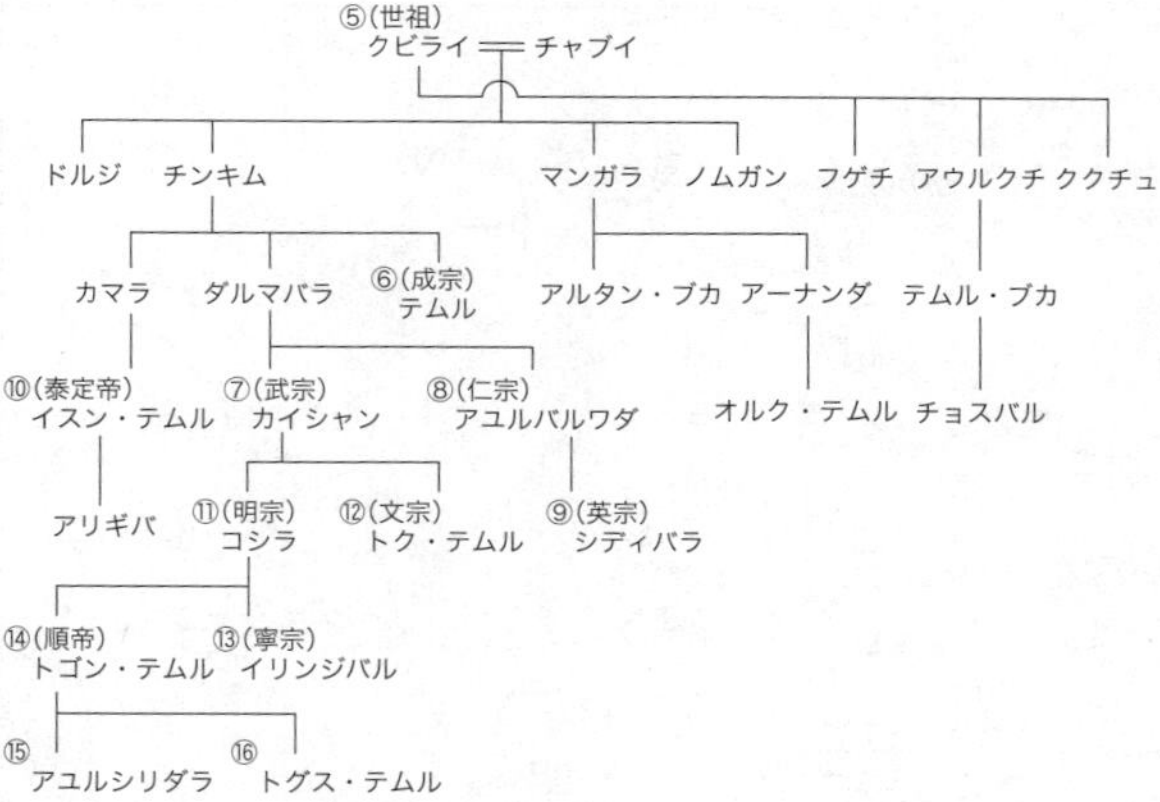


クビライ家の略系図　⑤〜⑯は，大カアンの継承者

る。ほぼ、同一の大きさ、形状、規格、配置なのである。それは、とくに上都開平府の内城に、きわめて類似する。同一プランにもとづく一連の築城であったことは、ほぼまちがいない。それらの遺跡から出土する瑠璃瓦《るりがわら》なども、まったくおなじである。

クビライは、自分の新帝国にとって最高支配層を構成するこれらの王侯たちに、自分と同型の「ミニ首都圏」と同型の「ミニ首都」をつくらせたのである。その費用も、クビライ政府が醵出《きょしゅつ》したらしい。これらの「首都圏」のそれぞれのすべてが、草原と都市の複合体であった。そして、複数のミニ首都圏とクビライ自身の大型首都圏を数珠つなぎにつらねたベルト状の地域全体が、草原世界と農耕世界とをつなぎあわせる巨大な背骨の役割をはたすことになっ

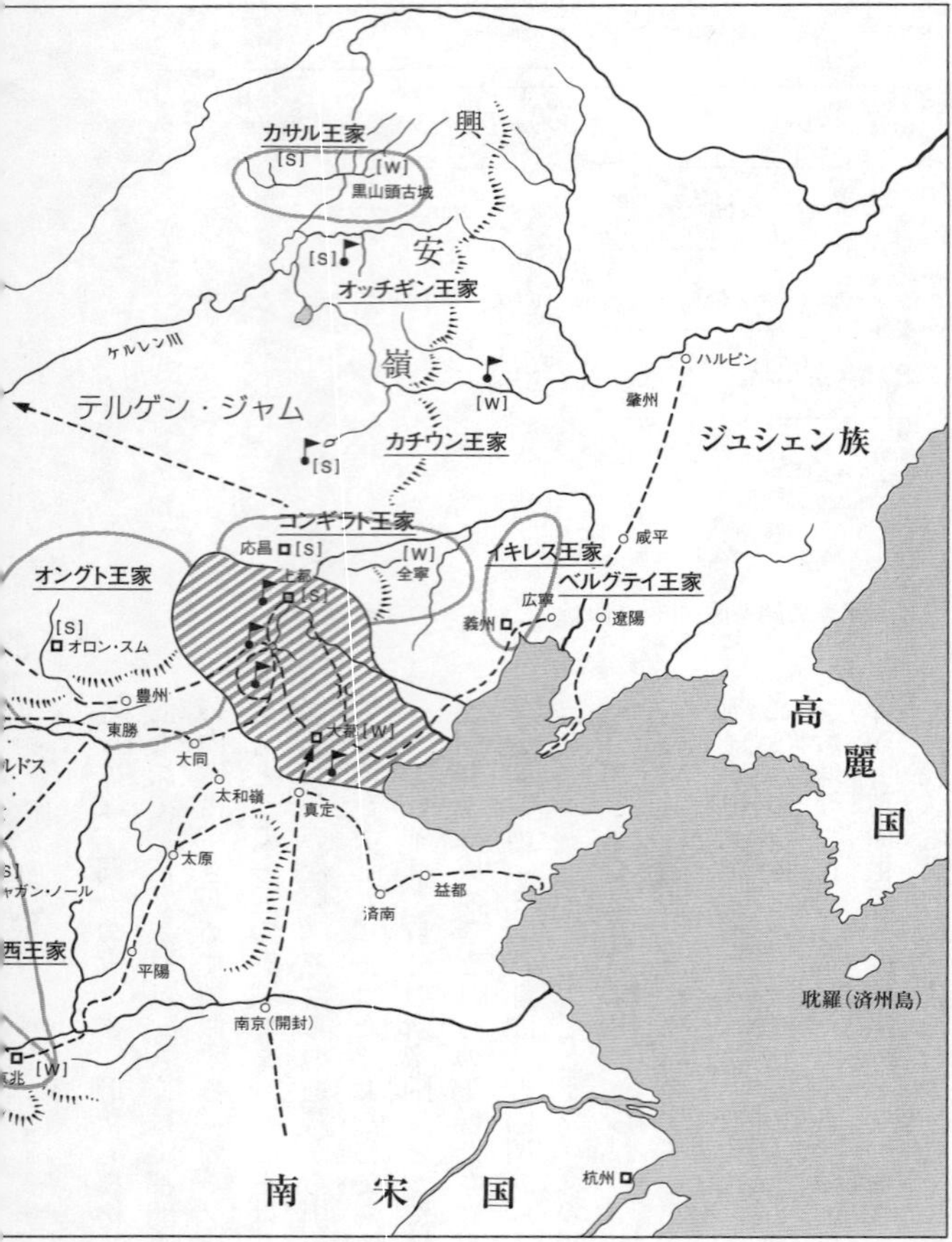
カサル王家
[S]
[W]
黒山頭古城
興
安
嶺
[S]
オッチギン王家
ケルレン川
[W]
テルゲン・ジャム
カチウン王家
[S]
ハルピン
肇州
ジュシェン族
コンギラト王家
応昌
[S]
[W]
全寧
咸平
イキレス王家
ベルグテイ王家
オングト王家
上都
[S]
広寧
義州
遼陽
[S]
オロン・スム
豊州
東勝
大同
大都
[W]
高
麗
国
太和嶺
真定
太原
益都
済南
平陽
南京(開封)
耽羅(済州島)
杭州
南
宋
国

初期クビライ政権の主要王家と首都圏

た。

さらに、これとほぼ同時期に、クビライは自分の王権を三分して三人の嫡子にゆだね、みずからは、そのうえに立って統轄するかたちをととのえた。

クビライとチャブイとの間には、ドルジ、チンキム、マンガラ、ノムガンの四人のむすこがうまれた。このうち、ドルジは早逝した。のこる嫡子三人の事実上の長子となったチンキムは、燕王《えんおう》、のちに皇太子となり、父クビライの膝もとの華北を担当した。

いっぽう、マンガラは安西王《あんせいおう》の王号をあたえられ、父の旧領であった陝西の京兆と六盤山に入り、陝西・甘粛・四川・雲南・ティベトの西面地域全体の統轄者となった。かれもまた、夏期は六盤山、冬期は京兆と季節移動し、六盤山には開成《かいせい》、京兆にはその東北城外に安西王宮を築いた。さらに、ノムガンは、北平王《ほくへいおう》に封ぜられて、モンゴル本土の担当となり、伝統の千戸群とチンギス以来のオルド群を統轄した。ノムガンは、旧都カラ・コルムとその周辺の行営地を巡歴した。

それぞれの王権のしたには、担当地域に所領をかまえる各種の王侯・貴族・土着勢力がくみこまれた。それまで複雑につみかさなっていた分権勢力は、この三つの体系のなかに整理・統合された。駅伝・物流・通商をのぞく、軍事・行政などについては、この三人の嫡子がクビライの権威を背景に、分担するかたちとなった。チンキム、マンガラ、そしてノムガンは、クビライの分身なのであった。

チンギス以来の帝国が左・中・右の三大区分を基本型としたように、クビライ帝国は、その直属地域について、北・中・西の三大分割体制をとったのである。この三大分割は、クビライ時代ののちも保持され、クビライ王朝の基本型となった。

この三大王家のほか、クビライの庶子たちも、小型の王権代行者となった。アウルクチは、とくにティベト方面、おなじくフゲチは雲南方面を、特別専管区域とした。これらクビライ一族による分割支配体制と、前述の「首都圏」群とが、クビライ帝国の骨格となったのである。

なお、こうした夏営地と冬営地をむすんだ季節移動圏のなかに、首都や都市を点在させて多機能集中の「首都圏」とするやりかたは、フレグ・ウルス、ジョチ・ウルス、チャガタイ・ウルスでも採用され、モンゴル時代のあたらしい国家パターンとなっていった。

## 大いなる都

つぎは、首都であった。クビライは、至元三年（一二六六）、冬の都としていた中都の北東郊外に、あたらしい帝都の建造を命じた。

この年は、本来ならば、帝国西方の三人の巨頭、フレグ、ベルケ、アルグも参列する統一クリルタイがおこなわれるはずであった。このクリルタイは、クビライが名実ともに、帝国全土に承認されたただひとりの大カアンであることを、内外に知らせる一大セレモニーとなるはずであった。クビライは、世界の各地からあつまってくる帝室・王侯・領主・使節たちに、巨大な帝都建設の開始をみせつけようとしたのかもしれない。

その五年後の至元八年（一二七一）、かれはみずからの新帝国に名まえをつけ、「大元《だいげん》」といった。それまでの「大モンゴル《イエケ》国《ウルス》」から、「大元大モンゴル《ダイオンイエケ》国《ウルス》」というのが、あたらしい国号となった。それにともなって、建設中の新帝都は、「大都《だいと》」と名づけられた。国号は、「大元」、首都は「大都」、年号は「至元」。あきらかに連動した命名であった。「大元」という語は、『易経《えききょう》』の「大いなる哉《かな》、乾元」からとったといわれる。新国号を宣布するみことのりのなかでも、「乾元《けんげん》の義」にもとづくとのべている。「乾元」とは、天や宇宙、もしくはその原理をさす（「ダイオン」は「だいげん」のモンゴル語の発音。「ダヤン」は、明代になって「ダイオン」がなまって「ダヤン」となった。そして「ダヤン」という語は最後には「世界」を意味することとなった）。

ではなぜ、その国号をわざわざあえて「乾元」にもとめたのか。あきらかに、それは、トルコ・モンゴル系の人々が共通してあがめる「テングリ」、すなわち「天」に淵源《えんげん》する。「大元」、――「おおいなるもと」、それは、天《テングリ》のことであった。クビライは、「天」をあらわすものとして「大元」という国号をなのり、その天の下の「地」の中心たる帝都に「大都」、天地の運行をきざむ「時」の名として「至元」と、なづけたのである。「天《テングリ》」の命をうけ、地上とこの世の推運とをつかさどる意味を、クビライは、そこにこめたのである。都というものは、もともと天と地をつなぐ宇宙軸上にある、という観念は、ユーラシアの各地でふるくから存在する。しかし、それは、いわば一般論としていわれることである。ところが、「大都」は、その名からして、まさに文字どおり、天と地をむすぶ「大いなる都」なのであった。明確な意図をもった命名であった。

大都の建設は、クビライ一代まるまるかかる大事業となった。それは、いちどきに完成したのではなく、中心部分、とりわけモニュメンタルな部分から、順次できあがっていった。

まず、宮殿部分が完成し、主殿の大明殿において、至元十年（一二七三）三月、皇后チャブイと皇太子チンキムの「立后《りっこう》・建儲《けんちょ》」の儀式が盛大にとりおこなわれた。この前後、クビライは、至元六年（一二六九）には、国師パクパ（この翌年には帝師。なお、この国師・帝師の制は西夏国にならったもの）に命じて、「国字」となる「蒙古新字」、すなわちいわゆるパクパ文字（ないしは方形字ともいう）を制定させたりした。国家の形式・体裁をととのえることにも、熱心であった。

この間、のちにのべる南宋接収作戦をはじめ、各種の対外遠征がおこなわれていたが、新首都内外にわたる広汎な建設・整備事業も同時進行のかたちで途切れることなくつづけられた。南宋接収後の戦後処理もひと息つき、杭州をはじめ江南地方があらたな版図として落ちつきだした至元二十年（一二八三）ころ、市街区の骨格がすがたをあらわし、主要建造物も、それなりにそろいだした。もとの中都にあった官庁の移転と富民の入居がはじまり、それと同時に中都の囲壁と周濠は破却された。こののち、大都の西南にあたる旧中都地区は、庶民層が住むダウンタウンとなって現在にいたっている。いまの北京の「前門《チエンメン》」地区の南側とその周辺一帯は、中都のあとである。

クビライが長逝する一年まえの至元三十年（一二九三）、渤海湾《ぼっかいわん》に面した海港の直沽《ちょくこ》から、大都の市内の中央にひろがる積水潭《せきすいたん》の湖面までをつなぐ運河が開通した。ここに、大都を中心とする運輸・交通システムが完成した。その後も、大都の整備・改造は、必要に応じてつづけられたが、ひとまず、この時をもって、二十五年の歳月と莫大な人力・資力を投入した大都の建設は、ひとつの区切りをむかえた。

大都の名は、当時の中国音によって「ダイドゥ」とよばれ、ひろくユーラシア世界につたえられた。また、トルコ語で「カン・バリク」ともよばれたが、その意味は「王の町」すなわち「帝都」のことであった。のちにはむしろ、「カン・バリク」のほうがひろまった。まさしく、世界の「帝都」だったからである。明清時代、そして現在も中華人民共和国の首都である北京《ペキン》は、モンゴルがきずいた大都の後身にほかならない。

机上のプランにもとづき、まったくの「さら地」に、いわばゼロからつくられた純計画都市である大都は、見かけのうえでは、純然たる中華王朝の国都の形態を呈していた。

設計のおおすじの理念は、クビライの漢族ブレインで「黒衣の宰相」ともいうべき謎にみちた人物の劉秉忠《りゅうへいちゅう》の立案であった。かれは、大都の造営開始よりさかのぼること十年まえ、開平府の築城にあたり、その地を占いで選び、設計の基本をさだめた。

開平府は、そのまま上都となり、大都とならび称される両京となった。平面プランだけでいえば、ふたつのモンゴルの都には、たしかに共通した思想がながれている。草原に立つ小規模な上都開平府は、いわば試作品であった。そこでこころみた設計の基本形を十年後に、はるかにうわまわる大きなスケールであてはめたのが、世界の帝都たるべき大都であった。

大都は、東西南北の方向にほぼそった、やや縦長の四角形の外郭でかこまれる。中央の南にむく皇城を中心に、その南側に官庁街、北側に官設の市場、東側に帝室の祖宗《そそう》をまつるみたまやの太廟《たいびよう》、西側に土地と農業の神をまつる社稷壇《しやしよくだん》をおいた。こうしたシンボリクな意味をもつ施設の、シンボリクな配置は、漢代に成立した偽書ではあるものの、中華王朝の制度・典範を規定したものとして、その後ながく尊重された『周礼《しゆらい》』の考工記《こうこうき》、「匠人営国《しようじんえいこく》」の条にみえる「左祖右社面朝后市《さそうしやめんちようこうし》」という古代中国の国都の理想型を忠実にふまえたものであった。

現実の中国の国都のなかで、この古代の準則《ノルム》にただしくそったものは、じつは大都だけであった。古代日本の藤原京、平城京、平安京などの平面プランのモデルとなったといわれる北魏の洛陽城、隋・唐の長安城などを、つい中華王朝の国都の典型のようにおもいがちである。しかし、ほんとうはそうではない。宮城がその北壁にはりついて、その南側に左右対称をなして市域がひろがるパターンは、北魏・隋・唐という鮮卑《せんぴ》拓跋《たくばつ》系の王朝が建設した一連の帝都にあらわれるものである。

中国史上、そもそも国都をあらたにつくるのは、ほとんどが非漢族出身の王朝である。漢族政権の場合は、なぜか首都をあらたにつくることはない。すでにある前王朝の首都を再利用するか、ないしはそれまで地方都市であったところを多少いじって修正をくわえて国都としている。そうした意味からも、古代の理想プランをもとに、まったくなにもない段階から巨大帝都を一挙に出現させたクビライ政権は、まことに異様な政権であった。

大都の城壁は、宮城・皇城・外郭の三重の囲郭からなる。外郭の周囲は、六〇里。実地調査では、二八・六キロメートルである。市街地は五〇坊にしきられ、外郭の東南西の三面に三門ずつ、北面のみなぜか二門の合計十一門をもうける。「六〇」は干支のひとめぐり、「五〇」は「大衍《たいえん》の数」、すなわち易《えき》の筮竹《ぜいちく》の数である。どちらも、中国では、ふるくから聖なる数とされていた。あきらかに、天地の運行と時のめぐりを意識したシンボリクな意味がこめられていた。

ところが、シンボリクな意味は、いろいろなところにひそめられていた。『周礼』では、各面が三門ずつ、合計十二門となるべきところを、北面のみ二門という謎については、三《さん》頭《とう》・六臂《ろっぴ》・両足《りょうそく》の「那吒太子《なたたいし》」をかたどったものだとする解釈が元末の文献にみられる。北面に両足をふまえ、腕を三本ずつ東西にひろげ、三つの頭を南にそろえるかたちだ、というのである。

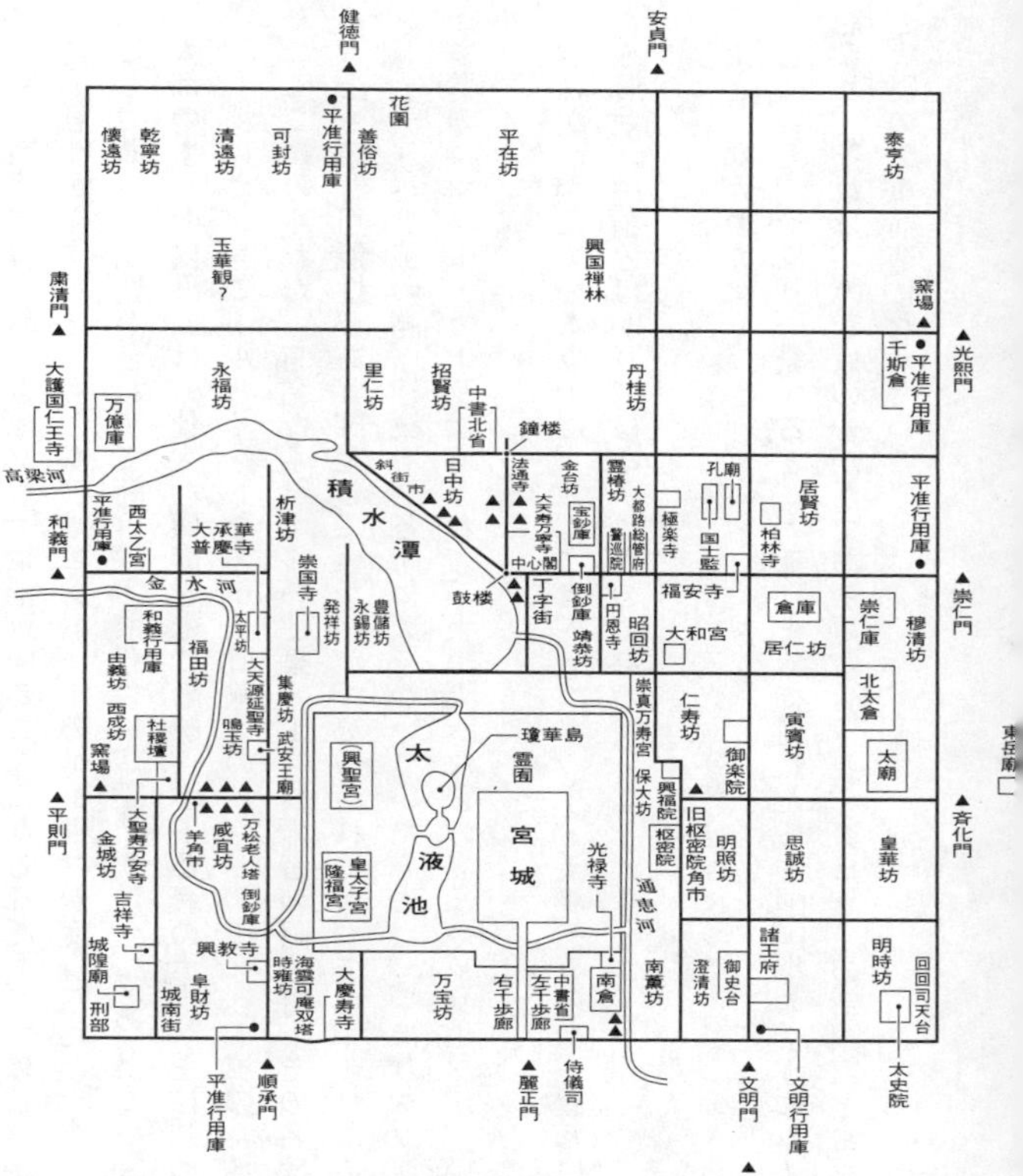


クビライ時代の大都　外郭の周囲は28.6キロ。▲は市場の所在を示す。現在の北京はこの都の後身である

のちの時代には「おとぎばなし」に活躍することになる那吒太子ではあるが、その由来や発音・意味からすると、もともとはヒンドゥーの神シヴァが変身した「ナータ・ラージャ」のことである可能性がきわめて高い。すなわち、「舞踊する王《ダンスィング・キング》」である。

大都のまちの内外には、壮大な威容をほこるティベット仏教の大寺院をはじめ、ティベト、ネパール、カシュミール、インドなどから直輸入のインド・ティベト風の「仏教文化」が、そこここにみられた。有名なネパールの建築・工芸技術者の阿尼哥、その名はアニガともエネガとも読む可能性があり確定していないが、そのかれによってつくられたことが確実なインド・ティベト風の高層建築も、各所に天をついていた。また、やはりシヴァが変身した多《た》頭《とう》多《た》臂《ひ》の「マハー・カーラ」すなわち「大黒天」などの立像やレリーフが、いたるところにあった。

現在かんがえている以上に、大都には、ヒンドゥー・ティベト色は、濃密にただよっていたらしい。中華色ばかりではなかったのである。

## 海とつながれた都

とはいえ、やはり一見すると、大都はまるで純然たる中国国都のようにみえなくもない。しかし、それは、みかけのすがたである。ちょうど、クビライの新国家とおなじで、みかけと実質の二重構造になっている。

かたちのうえだけならば、大都は完璧きわまる平面プランと都市計画、そしてそれがもたらす統制された整然たる美しさとによって、古代中国いらい理想とされながらも、ただの一度も実現したことはなかった国都のかたちを現実化してみせたともいえる。大都をおとずれた人びとは、その異様なまでの統制美、黄金色と濃緑色の甍《いらか》と瓦《かわら》でおおわれた大屋根のかさなりがかもしだす目もくらむような色彩美、そしてなによりもの巨大さとさまざまな建造物がつくりだす複合美とに、おどろき、圧倒され、口をそろえて賛嘆した。こと、建築文化の点では、地中海世界などの西方にくらべ、東方世界はあきらかに見おとりがしていた。クビライは、建築上の東西の力関係をも、くつがえそうとしたのである。

しかし、壮麗な外見とは別に、現実の都市機能をみると、中国国都とはまったくことなる特徴に気づく。それは、まず都市の中央部にひろく、湖水と緑地がひろがっていることである。

大都の中心をなす皇城には、中央の太液池《たいえきち》をはさんで、東に大カアンの固定オルドとなる宮城、西に皇太子宮という二組の建築群があるほかは、一面の草地となっていた（興聖宮《こうせいきゅう》は、のちの建設）。ここは、もともとクビライ軍団の冬営地であったところをクビライ皇室専用の「聖なる空間」として、かこいこんだものであった。鳥獣がはなしがいにされ、その一画には「霊囿《れいゆう》」と漢字で表現された「動物園」さえあった。宮城の一角には、そこが遊牧帝王の「オルド」であることをしめすため、わざわざ天幕式の住居のゲルまでが、ならべられたりした。皇城地区の全域が、一種のプロムナード地帯となっていたのである。

こうした園池や園林をペルシア語で「バーグ」といい、その習慣・方式とともに、モンゴル語にもそのままとりいれられた。草地や湖水によりそい、あるいはそれをすっぽりとかこいこむやりかたは、クビライ政権の中心勢力を構成する内蒙草原地帯の諸王侯の夏都・冬都ばかりでなく、チャガタイ・ウルスの冬都アルマリク、フレグ・ウルスの新王都スルターニーヤ、ジョチ・ウルスの王都サライなどにも、ひろくみとめられる。河川・湖沼のほとりの草地と都市とが組みあわされたモンゴル型の都城パターンということができる。

しかし、なにより大都の最大の特徴は、海とむすばれた都であったことである。大都は、現在の北京とはちがい、市域のほぼ中央に積水潭《せきすいたん》の巨大な湖面がひろがり、そこが都市内港となっていた。そこには、米穀をはじめ、南中国の豊富な物資はもとより、インド洋ルートをつうじて東方におくられてきたイスラーム世界やさらに西方の物品を満載した船が舳艫《じくろ》をならべていた。

「斜街市《しやがいし》」とよばれる北岸一帯には、水揚げした品物を売り買いする官営バザールが軒をならべた。このあたりには、大都の経済活動や首都行政を担当する大都路総管府《だいとろそうかんふ》をはじめ、経済・財務関係の官庁や施設が立ちならび、『周礼』の「后市《こうし》」に恥じない経済専区となっていた。

積水潭からは、大都市内をとおって、東方郊外およそ五〇キロメートル先の通州まで、閘《こう》門《もん》式の運河である「通恵河《つうけいが》」がもうけられていた。おおむね平らな華北平原ではあるものの、大都から通州までは意外に三七メートルもの高低差があった。この間を運河でむすぶのは、当時の技術水準では、むつかしい点が多かった。

クビライの科学・工学ブレインであった郭守敬《かくしゆけい》の設計により、十ヵ所に閘門がもうけられ、閘門ごとに大きく半円形をえがいて迂回するほそい水路を付設して、河船の航行を可能にした。たいへんな難工事であった。そのうえ、完成してからも、たえず補修につとめなければならなかった。閘門ごとには、運河の管理・維持と河船の曳航のため、二〇〇〇人をこす人員と大量の馬と車が常設された。それでもなお、馬や荷車で運搬するよりも、河船のほうが積載量ははるかに大きかったのである。そのため、クビライ王朝は厖大な資金をそそいで、なんとしてでも大都を水運でつながれた都とするべく努力しつづけた。

**運河と海運、そして陸運**

通州には、もともと金代に、華北の内陸水運網をあつめる「御河《ぎよが》」という運河がつうじていた。しかし、その後、金朝の南遷にともなう混乱で駄目になっていた。それをクビライは政権確立後、ただちに復旧させた。御河を中心とする運河網を再編し、ふたたびよみがえらせたのも、郭守敬を筆頭とする工学スタッフたちであった。

南宋接収後は、江南から中国大陸を縦貫する「大運河」が、これも莫大な労力と資金を投入して再開削されて、通州にまでいたった。「大運河」は、ずいぶん長い間、なくなっていた。歴史上、「大運河」の復活は、北宋時代からかぞえて、百数十年ぶりのことである。中国本土の北のはしまで「大運河」が到達したという意味でいえば、じつに唐代より三百数十年ぶりのことであった。おどろくべき短時日で達成されたこのふたつの運河体系の建設・整備だけでも、十分に巨大なプロジェクトであった。

さらに、その通州には、海港の直沽《ちょくこ》で河船につみかえられた海運物資も、自然河である白《はく》河《が》のゆるやかなながれをさかのぼってやってきていた。直沽は、江南はもとより、東南アジア、インド洋、西アジア方面とリンクする海の窓口となった。この直沽こそ、現在の天津《てんしん》の前身である。北京とその外港の天津というかたちは、じつはモンゴル時代に創られた。

ようするに、大都の積水潭は、水運・海運どちらともむすばれた、「水」の物流の基点なのであった。大都造営計画のポイントは、ここにある。大都の建設のねらいは、大都だけの造営ではなかった。大都にかかわるいっさいのシステム全体がまるごと計画され、多岐にわたる建設事業が一挙におしすすめられたのである。

くわえて、ここで注目すべきことが、もうひとつある。クビライ政府は、都市内港となる積水潭の巨大な水面を維持するために、高梁河の水系を大改修して、はるか北方の密雲《みつうん》・昌《しょう》平《へい》一帯から取水するシステムをつくり、えんえんとその水を大都城内までひいてくるという大工事をあえてした。そうした積水潭の水源工事や、さきにのべた通恵河の困難きわまる開削・敷設工事は、ともに大都造営事業のたちあがりより準備が開始されているのである。あたらしい帝都を海とリンクさせる考えは、大都計画の当初からあったことになる。これは、そのときすでに南宋を吸収する前提で、すべての関連事業がすすめられていたことを意味する。

大都計画と同時進行ですすめられた南宋作戦との連動はあきらかである。南宋作戦は、巨大な国家建設プロジェクトのなかの一環であった。

いっぽう、陸上交通網の整備も、同時にすすめられた。内陸アジアをとおるすべてのルートは、「首都圏」の北半にある夏の都の上都にあつまるように仕立てなおされた。かつてのカラ・コルムを中心とする駅伝《ジャムチ》網も、上都へ連結された。

その上都と大都の間は、三本の幹線と一本のバイパスでつながれた。そして、大都からは、東アジア全域にむけて、放射状に道路網が整備された。当時の東西世界からおとずれた旅行者たちの見聞によれば、クビライの「王道」は、ひろびろとした公道の両側に水がはしるみぞがほられ、そこにはポプラや柳などの木々がうえられて、両側から公道をつつみこむようにすずやかな緑蔭をつくったという。

現在の感覚でいえば、こうした道路網の整備は、あたりまえに見えることかもしれない。しかし、中国全土にわたるスケールでの公道整備は、すくなくとも唐代いらいのことであった。それだけで、壮大な事業であった。まして、北はアムールやシベリアから、南はヴェトナム、ミャンマー、ティベトにいたる東アジア全域での道路システムの整備は、確認できるかぎり、史上はじめてのことであった。さらに、それが草原とオアシスの世界を横断する駅伝ルートと連結して、ユーラシア全域をともかくもひとつの陸上交通体系でつなげたという意味では、人類史上で最初のことであった。ひょっとすると、現在にいたるまでも、あるいはこのときだけといってよいことかもしれない。それらの事業が、いちどきに推進され、クビライ一代のうちになしとげられたのである。

クビライ新国家の夏の都の上都は、いわばカラ・コルムを「草原の副都」としてもち、冬の都の大都は、通州を水運の、直沽を海運の「物流ターミナル」としてもつこととなった。直沽のむこうには、世界最大の都市である杭州がつらなっていた。

さらに、おどろくべきことには、クビライとそのブレインたちは、大都と上都とを直接に運河でむすぶことさえ考えた。郭守敬たちの調査により、さすがに高度差八〇〇メートルでは断念せざるをえなかったが、クビライ政権の構想力が、途方もなく壮大で、強烈な国家建設の意気ごみにあふれていたことがわかる。

これらいっさいのすべてのかなめは、巨大な帝都にして、水陸の機能をあわせもつ大都であった。すでにのべた面としての「首都圏」群と大小のクビライ一族の「王国」群がクビライ政権の骨格であるとするならば、大都はまさに心臓であった。

陸と海の両方によるユーラシアの人とものの流れは、はじめから、大都にあつまるように計画されていた。大都は、クビライとそのブレインたちが演出し誘導する超大型の循環の発着基地であった。かつてのモンゴルの首都カラ・コルムが中央ユーラシアのステップ世界の都であったのにたいして、大都は陸海をつつみこんだユーラシア世界全体の中心として、創られていたのである。

## 2　システムとしての戦争

### おどろくべき襄陽包囲作戦

クビライ政権の南宋作戦は、新帝都の造営が発表された翌々年の至元五年（一二六八）からはじめられた。その一年まえより、クビライとそのブレインたちは、作戦計画の立案と遠征軍の編成、軍需物資の調達と補給網の手配をすすめていた。帝都の創造と南宋作戦は、ほぼ同時にスタートしたのである。クビライ政権は、内と外の両面で、新国家建設へむかって乗りだしたわけである。

黄河の南の開封が、作戦・補給の基地となった。開封を中心に、水陸の補給網がつくられ、すべての関連物資があつめられた。

攻撃目標は、襄陽《じょうよう》とその対岸の樊城《はんじょう》のふたご都市である。オゴデイ時代のクチュの南征、モンケ時代のタガチャルの南征とおなじである。すでに二度の失敗の先例があったにもかか

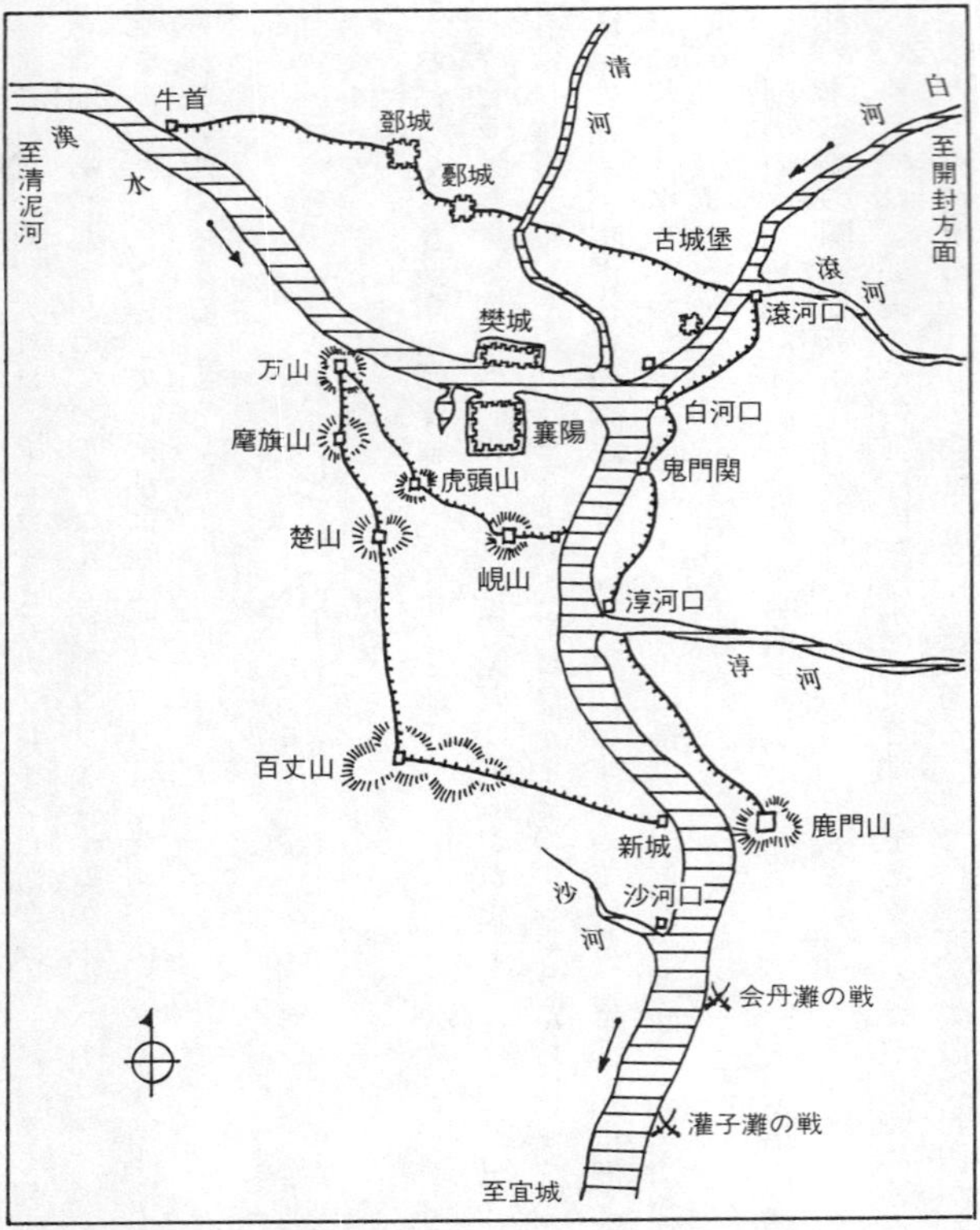


襄樊包囲線の概念図　李天鳴『宋元戦史』4より改図

わらず、あえてここを第一の目標とえらんだ。「空白の壁」の直撃を避けたのである。

漢水流域を制圧し、補給路を確保しながら、南進する作戦構想であった。無理おしを避けること。――これが、クビライとその軍事参謀たちが採った基本方針であった。

しかし、攻撃目標と進軍ルートはおなじでも、攻撃のしかたは二つの先例とは、まったくことなった。

じつは、ほとんど、攻撃しなかった。モンゴル南征軍がまずしたのは、土木工事であった。なんと、襄陽・樊城の両市をぐるりととりまいて、えんえんと土塁と空堀をきずいていった。交通上の要所要所には、「付け城」にあたる堡塁や砦をもうけた。大小の城堡は、合計四〇をこえた。

その長大な環城《かんじょう》は、モンゴル軍の軍事司令部がおかれた鹿門山《ろくもんざん》と軍政部門がおかれた峴山《けんざん》をはじめ、百丈山《ひゃくじょうざん》、楚山《そざん》、麾旗山《ききざん》、万山《ばんざん》、虎頭山《ことうざん》などの頂きをつなぎあわせ、一部は二重のところもあった。総延長は、一〇〇キロメートルをこえた。襄樊両市をみおろすそれらの高みのうえには、すべてモンゴル南征軍を構成する各隊の本部がおかれ、それぞれの城堡には、さらにその支隊とそれを指揮する鎮撫ひとりが配された。両市をはさむ漢水の上流と下流とには、両岸に要塞がきずかれたうえ、河のなかほどに堡台までつくられ、あわせて河中には乱杭《らんぐい》が打ちこまれ、鉄のくさりがはりめぐらされて、完全に遮断された。

この南征軍には、一〇万をこす兵が動員されていた。しかし、そのうち純粋なモンゴル騎兵はスベエデイの孫で、ウリャンカダイの子である主将アジュ（もしくはアジュル）が直接ひきいる二〇〇〇にもみたないわずかな督戦部隊だけであった。モンゴルとキタン・女真・漢人などの混成部隊もいたが、それとてたいした数ではおそらくなかった。のこる大半は、漢族軍閥などから編成した華北の兵たちであった。しかも、兵とはいいながら、その多くは厳密には兵でさえなかったかもしれない。実際には、ほとんど土木作業員であったといっても、かならずしもいいすぎでなかった。

巨大な包囲網は、もちろん全部がすぐにできあがったわけではない。もともとは、開戦に先立つこと五年前の時点で、長江中流域から漢水流域にわたる方面全域の南宋側の総司令官である呂文徳《りょぶんとく》に「互市《ごし》」を申し入れ、貿易場となる「榷場《かくじょう》」の保護を名目に鹿門山に築城していた。それを拠点に、作戦開始とともに襄陽東辺の白河口《はくがこう》から築造をはじめ、襄陽西方の万山、南方の鹿門山をつなぐラインをまず一気につくった。

よほどの人力と資材を投入したうえで、夜に日をついで突貫工事をしたのだろう。それが、ひとまずあらかた出来あがってしまうと、モンゴル軍は、さっとその長城のうしろに兵をひいた。長城にそって、ところどころに屯所をかまえ、そこで生活をはじめた。その後、この包囲線はどんどん強力に仕上げられ、襄陽の西辺と南辺については二重線となった（二重線のうち、外側のラインは、襄陽にむけてのものではなく、襄陽救援の南宋軍にそなえるためのものであったかもしれない。この点の確証は、まだえていない）。

襄樊両市には、呂文徳の弟の呂文煥《りよぶんかん》が、精強な私兵軍団をひきいて立てこもっていた。南宋にとって、国防の第一線にあたるこの地で、モンゴル軍をくいとめようと、戦意はきわめてさかんであった。軍備・食糧も、十分であった。

呂文煥をはじめ、籠城した兵士や市民たちは、はじめのうち、モンゴル軍がいったいなにをやっているのか、よくわからなかった。大軍でやってきたのに、攻めるわけでもなく、やたらと地面を掘りかえして、土木作業ばかりをしている。妙なことをしている、とおもったことだろう。

籠城側にとっては、あまりにも予想外であった。それまでは、モンゴルは、さっとやってきて、くればただちに攻撃をしかけてきた。モンゴル軍におびきよせられて不用意に城を出ないこと、それさえ気をつければ、あとはこわいのは奇襲、それも夜陰に乗じた夜襲くらいである。しばらくの攻撃さえしのげば、持久力のないモンゴル軍は兵をひくか、よそに転進する。それが常であった。

襄樊両市の軍人と住民たちからすれば、城外のモンゴル側は、とにかく昼も夜もせっせとうごきつづけてはいるのだから、いつ攻撃してくるか、わからなかった。いつくるか、いつくるかと、緊張をとくことはできなかった。そのうちに、気づいてみると、両市と漢水のながれをまるごと、すっぽりとつつみこんで、とてつもなく長大な土の壁が出現していた。

襄樊両市の城壁の内側には、呂文煥の防衛部隊と住民たち。それをそっくりとりまくもうひとつの城壁の外側には、モンゴル軍。二種類の城壁をめぐって、そのうちとそとに、人間のかたまりがわかれすむかっこうとなった。どちらも、食糧はたっぷりある。

襄樊地区は、ちょっとした「大都市」となった。ただし、二種類の城壁のあいだには誰もすむことはなく、二種の「住民」の交流もほとんどない、はなはだ奇妙な「都市」ではあったが。

## 南宋作戦のむつかしさ

クビライの国家建設事業の巨大プロジェクトのなかで、あきらかにその一環として推進された南宋作戦ではあったが、それは、いくつかのむつかしさをともなっていた。クビライとブレインたちは、これについても、まったくあたらしい発想とやりかたをつくりだすこととなった。

では、その南宋作戦のむつかしさとは、いったいどんなものだったか。

まず第一に、南宋国の自然環境であった。南宋国は、中国本土の中央を東西につらぬく長江の巨大な流れを北のまもりとしていた。当時にあっては、長江はほとんど海であった。そのほかにも、長江の北には、外海にそそぐ淮水《わいすい》と、それに流れこむ十数条のほぼ並行する河川。また、中国本土の中央部には、西北からななめにうねりながら長江にいたる漢水《かんすい》と、それに従う大小さまざまの河川。これだけでも大変であった。

もし幸運に長江を渡れたとしても、淮水・漢水にひけをとらない大河川が群れをなしている。洞庭湖《どうていこ》・鄱陽湖《はようこ》・太湖《たいこ》をはじめとする大小の湖沼もいたるところにある。南宋国は、大河と湖の国であり水に守られた国であった。モンゴルにとって、華北もふくめたこれまでの乾燥地帯とは、世界がちがった。

くわえて、南宋国の東側はすべて外洋であった。首都の杭州はもとより、寧波・福州・泉州・広州などの重要都市は、いずれも港湾都市であった。モンゴルとしては、海上に浮かばれてしまえば、手の出しようがない。大河と湖沼だけでなく、海も相手にしなければならないのである。

さらに、南宋国は、長江と外海、すなわち、「江海《こうかい》」に水軍と海軍を浮かべていた。とくに、長江を上下して巡視する水軍は、強力であった。それは、長年の金にたいする備えからのものであった。ただ、そうなってから、すでに百五十年におよぶ歳月がながれていた。その結果、いまや南宋国は、おそらく中国史上において、地方政権の場合はさておき、それなりに全国性のある本格政権としては、最初の「常備水軍」を保有する政権となっていた。

本来は内陸型であるはずのそれなりの広域国家が保有する「常備」の大艦隊という意味では、これはひょっとすると世界史上でも最初のものかもしれない。もとより、常備艦隊だけならば、はるか昔のサラミスの海戦ごろのギリシアのアテナイや、いわゆるローマ帝国、さらには、モンゴル時代であればヴェネツィアやジェノヴァなどのイタリア都市国家の事例がある。しかし、これらはともに国家の基盤のすくなくともひとつは、はじめから海洋にあった。

ともすれば、われわれは中華帝国の軍隊というと、陸上戦闘力、それも歩兵ばかりのような気になりがちである。しかし、最近とみに「スィー・パワー」すなわち「海上の力」としての中華帝国の一面について、内外でいわれはじめている。ただし、これは「海洋」に焦点があたっている。時代も、もうすこしあとのことをいう場合が多い。

厳密には、海と河川とは、ちがうだろう。実態のうえでも、海の波頭を乗りきる船と波のないことを前提とする河川用の船とは構造がちがうだろう。そこで、かりにこれを統合して「ウォーター・パワー」、すなわち「江海の力」としてかんがえるならば、南宋国の「常備艦隊」のもつ軍事上の意味あいは、もうすこし見直されてもいいかもしれない。

それにひきかえ、モンゴル側はこのとき、水軍らしい水軍さえ、ほとんどもっていなかった。クビライは、そのままでは、世界史上で最初の「常備」の水上戦闘力を徒手空拳にちかいままで相手にしなければならなかった。

自然環境の点では、江南の湿気と炎暑も問題であった。馬は寒気にはつよい。しかし、むしあつさは苦手である。まして、モンゴリアから、牧民騎兵を直接に江南にのりいれさせるには遠すぎる。モンゴル高原との往還だけで、一年の大半をついやしてしまうだろう。

モンゴル馬とそれに乗った騎兵には、夏期の散開放牧と冬期の集団越冬という遊牧民の生活パターンがある。牧民の生活をたもちながら遠征をしようとすると、この年間の生活リズムのなかに遠征活動を織りこんでいかなければならない。南中国にたいしては、すくなくともモンゴル本土を基点として季節ごとに出撃するかたちの作戦構想はなりたたない。江南は、「有効射程距離」の外にあるといえる。

あたりまえのことだが、地球上における移動は、東西方向と南北方向では意味がことなる。東西に横ざまに移動すると、気象や風土はそう、ちがわない。しかし、南北に縦ぎりに移動すると、景観や状況はどんどんかわってゆく。

史上名高いモンゴルの大遠征といっても、チンギスの西征、バトゥの西征、フレグの西征、いずれも東西移動である。程度の差こそあれ、とにかくは乾燥を基本とする地帯を東西に横にうごいたのである。これなら、牧民生活を保持しながらの大遠征は可能であった。要所要所の牧地で、馬や家畜をやすませ牧養しながらいけばいい。この場合はモンゴル本土を離れても、まったくさしつかえない。

ところが、南北移動の大遠征では、こうはいかない。南下すると条件がかわり、途中に牧草地が見つからない。たとえあっても小規模な草原では、大集団による大がかりな牧養はむつかしい。東西移動の遠征と南北移動の遠征では、おなじ距離でも南北移動のほうが、長いし、遠いのである。クビライとそのブレインは、こうしたマイナスの条件を背負っていた。

さらに、自然環境とは別の問題があった。それは、黄河から長江にいたる間の地域が、ほとんど荒野となってしまっていることであった。

かつて北宋の時代、この地域は運河を船が、陸路を車がゆきかい、北宋の領内でももっともゆたかでさかえたところであった。それが金と南宋の長期にわたる南北対立で、すっかり荒れはてた。国境線にあたる淮水ラインに配置された南宋側の軍事施設のほかは、ところどころに、軍事駐屯地や行政上の都市がポツポツと点在するくらいになってしまっていた。

クビライが南宋作戦をはじめるよりも三十四年まえの一二三四年、金朝滅亡直後の間隙をついて、南宋国は軍を北上させ、中原《ちゅうげん》の回復をねらった。回復は、ほんの一瞬であった。黄河の南に駐留するわずかなモンゴルの一隊に抗しきれず、南宋の北伐軍はせっかく手にいれた開封と洛陽《らくよう》を放棄して撤退した。それどころか、軍のかたちをなさないまでに疲弊し、ようやく南宋国境内にもどってきた。失った兵は、多かった。それも、戦闘で命をおとすよりも、むしろ途中でゆきだおれになったのである。

中国史上、これを南宋国の理宗《りそう》の年号をとって「端平入洛の役《たんぺいにゅうらくのえき》」という。「異民族」王朝からの故都の奪回という壮挙と、悲惨きわまる潰走《かいそう》という、極端な明と暗で名高い。

これを「華夷思想」にとらわれた後世の漢族読書人たちの一部は、モンゴルの卑劣きわまる約束違反とだまし打ちによるものと悲憤慷慨した。遊牧民や蛮族は信用できないのだ、と主張するときには、しばしばひきあいにだされた。しかし、本当は約束違反とだまし打ちは南宋側であった。そのことは、銭大昕《せんたいきん》がすでに指摘し、さらに最近、中国を代表する元代史研究者の陳高華《ちんこうか》氏が克明にあきらかにしたとおりである。

不意うちねらいのこの作戦が提案されたとき、南宋朝廷のなかでも異論がでた。すなわち、金朝殲滅の協同作戦においてモンゴルととりきめた新国境線の約束を破ってまで、成算のない故土回復に打ってでるのは危険である。むしろ、へたをすると、かつて北宋が新興の金朝と組んで宿敵の遼をほろぼしたものの、北境の「燕雲《えんうん》十六州」の全面回復という欲をかいて、逆に金朝の反撃をまねき、ついには国家が転覆した二の舞にもなりかねない――という主張であった。

その根拠は、長江から北のかた中原まで、ずっと人煙のたえた荒野であるから、食糧確保がむつかしく、軍糧を携行していくほかはない。ところが、その携帯できる量には限りがあるので、たとえ運よく回復できたとしても、長期にわたって確保することはできない、というものであった。そして、まさにその通りになった。

これは、よく当時の現実をいっている。ようするに、淮水流域を中心に、とくにその北側によりひろく、中国本土の中央部の東西にわたって、はばおよそ三〇〇から四〇〇キロメートルの帯状の「空白」が横たわっていたのである。「空白」という名の巨大な壁であった。

モンゴルとしては、ここをむりやり突破しようとすると、南宋軍の二の舞になる。たとえ、騎馬部隊だけで駆けぬけたとしても、今度は長江という水の壁にぶつかる。荒野と大河のふたつの壁にはさまれて、長江のほとりで進退きわまって自滅することにもなりかねない。

南宋国にたいしては、北からの正面攻撃をしかけるのは、はなはだむつかしい。短期決戦で勝負をいどむのは、ほとんど無理である。

問題は、さらにまだ、もうひとつあった。それは、江南都市の防衛能力の高さである。とくに、それは施設の面においてきわだっていた。

南宋領内の城郭都市は、厚く高い城壁と深く広い水濠でとりかこまれていた。何重かの囲郭があることも、めずらしくない。これまですでにモンゴルは、華北や中央アジアなどにおいて、かずかずの攻城戦の経験をつみかさねてきていた。とはいえ、これだけの強力な城郭群は、手ごわい相手であった。これをもし、ひとつひとつしらみつぶしにつぶしてゆこうとすると、はたしてどれだけの大兵力と長年月がかかることになるだろうか。

事実、クビライよりおよそ三十年まえ、見事に失敗した例がある。それは、バトゥの西征と一対のかたちでおこなわれたオゴデイの第三子クチュを主将とする南征である。戦線は、オゴデイの第二子コデンによる四川侵入軍をふくめ、ひろい地域にわたった。クチュの本隊は、「空白の壁」を避け、漢水のながれにすがりつくようにして南下した。

しかし、開戦そうそうに主将クチュが急死した。統制を欠いたモンゴル軍は、各隊がバラバラに南宋側の城郭都市にとりつく格好となった。しかし、その強力な城濠にはねかえされ、なすすべがなかった。長江ラインに到達することさえできず、逆にずるずると後退し

なった。名将孟珙《もうきょう》が指揮する南宋軍におしこまれて、漢水中流の裏陽までをも失うていたらくと
た。

　クチュの南征には、「端平入洛の役」にたいする報復の意味も、すくなくとも名分の上では、こめられていたのだろう。しかし、南宋側からすると、このときのモンゴル襲来に関しては、幸いにも「入洛の役」のまえに懸念された「二の舞」説は、あたらなかったことになる。

　かたや、モンゴルにしてみれば、この大失敗の記憶は、まだなまなましくのこっていた。チンギス・カン以来、モンゴルの遠征のなかで、大兵団を投入したうえでの完敗は、はじめてのことであった。

　しかも、十年前のモンケ南征のおりに、タガチャルが失敗したばかりであった。八年まえのクビライ自身の南進にしても、慎重に準備したうえで、しかも無理矢理に進攻した。その帰路は、敵地ではあったものの、漢水ルートを使わざるをえず、そこを足早に駆けぬけた。大部隊を南下させるならば、漢水流域をえらぶほかはない。

　しかし、クチュの南征から以後、タガチャルの失態をへて、中国本土のちょうど中央に位置する要衝の裏陽をはじめ、漢水流域はモンゴルの手のなかからすべりおちていた。この「失地」は、全面進攻をはかろうとするクビライ自身の作戦構想にも、大きな足枷となってひびいていた。

## 戦争を管理する思想

襄陽攻囲戦はつづいた。ときおり攻撃をしかけるのは、包囲側よりも、むしろ籠城側であった。籠城側は、いっこうに攻めてこない包囲側に腹をたて、外界とまったく遮断されたことに恐怖して、包囲網を突破すべく攻撃してきた。すると、モンゴル側の兵隊は、長大な城壁のうしろ側に身をかくすか、あるいは要所要所の堡塁や砦に逃げこんで、籠城側の攻勢をしのいだ。ほとんど、自分からは戦おうとはしなかった。その光景は、ふつうとは逆であった。

モンゴル側の将官たちは、いつも包囲線に張りついているわけではなかった。主将のアジュや軍政部門の長カダク、漢人軍閥たちの中心人物で主将格の史天沢などは、ときには少数のともまわりだけで、ときには麾下の直属部隊をそっくりひきつれて、しばしば開封や黄河の北、さらには大都方面へおもむいた。その他の諸軍団も、それぞれの本隊は、はるか後方で屯営したり、あるいは適宜に必要におうじて河北・山東・山西・河南の本拠地へもどったりした。そのときどきに環城にへばりついているのは、全軍のうち、むしろ少数であった。それも、交代制であったとみられる。

作戦・補給の基地となった開封と包囲網の前線までは、直通の専用ルートが整備された。それぞれの宿駅には、宿泊施設から戦傷者用の医療施設までがととのえられた。宿泊のたびごとに、羊と米と酒が将官のランクに応じてあたえられた。モンゴルの指揮官クラスでは、一泊ごとに羊をまるごと三頭ずつあたえられたという。

城壁と堡塁にまもられたモンゴル側の兵士は、籠城側がせめてくると、各種の「飛び道具」を乱射した。それは、最大射程が三〇〇メートルちかいモンゴル式の短矢《たんし》であり、またなんと四キロメートルもの射程距離をもったという改良型の弩砲《どほう》（いしゆみ）であった。さらに、実際上の殺傷力は別として、耳を聾する大音声と爆裂する火粉《ひのこ》で威嚇力だけはある中国在来の大小の火炮《かほう》であった。これは、一種のキャノン砲の先駆であり、銃火器の発達は少なくともこの時点では、「東方」が「西方」をはるかにリードしていた。

モンゴル軍は、これらの「飛び道具」を組みあわせた。軍兵の人種といい、兵器の種類といい、もはや草のにおいがするような遊牧民部隊とは、ほどとおい構成であった。「モンゴル」という名のもとに組織化された多国籍軍であった。籠城側は、城壁と堡塁の複合体によって、じんわりと攻められ、直接に攻撃すると、「飛び道具」で撃退された。

われわれは、じつはこうした戦いかたとよく似た例を、日本史のなかに見いだすことができる。それは、秀吉の戦いかたである。日本史家の朝尾《あさお》直弘《なおひろ》氏によれば、秀吉は、信長時代の鳥取城ぜめや高松城ぜめからはじまってとくに、天下人となる過程の竹鼻城ぜめによくあらわれているが、いずれもまずはじめに、大量の人員と物資を投入して、敵城の周囲をとりかこむ土塁と付け城の複合体をこしらえて完全に封殺し、そのあとは敵方が攻撃してくると、鉄砲を乱射させて、その攻勢をはねつけた。そうして、敵城を「ひぼし」にして降伏させた。戦争を土木工事にしてしまった。

朝尾氏は、こうした一連のやりかたを「秀吉の戦争」とよび、「城で攻め、鉄砲で守る」というまことにユニークな表現をされた。クビライ政権による襄陽ぜめは、これとおなじやりかたである。かつて襄陽包囲作戦を秀吉の高松城の水ぜめになぞらえた人もいたが、それはただたんに完全包囲網をつくった点をとらえた比喩であった。実際は、発想の根本からそっくりといっていい。

それは、いったいどうしてなのか。もちろんクビライにも、秀吉にも、そこにいたる経験と前史があった。ものごとがきわまると、ほとんどおなじ結論や方式に達する、ということなのか。それとも、どちらもいわば「飛び道具」の時代であったためか。いずれにしても、この歴史評価は、一考にあたいする。

ひとつひとつのやりかただけをみると、独創ではないこともある。しかし、全体を統合して、ひとつのシステムとして戦争をしてしまうことに彼らの独創があった。個々人の才腕や戦闘力にたよることなく、戦争から偶然の要素をなるべく減らして、組織力と統合力で勝つべくして勝つ。戦争を管理して、ひとつの事業としておこなってしまうことであった。

しかも、ほとんど人は殺さないし、また殺されない。人間は、どちらも、ほとんど傷つかない。「不殺の思想」といってもいい。

投入された資金や物資は、経済活動の活性化をよびおこす。長期にわたる軍団の編成維持と道路網整備などをふくむ補給システムの組織化は、戦争というかたちをかりた職業機会の安定化と社会資本の充実をもたらす。「戦争の産業化」といってもいい。こういう方式は、前近代の世界では稀有である。

## モンゴル水軍の出現

襄陽作戦は、はじめから長期戦のかまえであった。ときどき戦闘が突発するだけで、おおむねは、ゆるゆると包囲と籠城がつづいた。すくなくとも、表面上はそうみえた。

ところが、そのいっぽうで、モンゴル側は、猛然と水上戦闘力の建設をおしすすめていた。華北各地から、大量の水船があつめられた。指揮艦などの主要艦艇は、あたらしく建造された。そして、それらの水船を漢水にうかべて水軍を編成し、連日、訓練をくりかえした。

『元史』によれば、このモンゴル水軍は、なんと五〇〇〇艘、兵員七万であったという。すこし、信じがたい数である。一艘あたり一四人であるから、船としては小さい。それにしても、もしこの数字のとおりなら、襄陽作戦に参加した兵の大半は、水軍に変身してしまったことになる。

クビライとそのブレインたちは、南宋水軍への対策をかんがえざるをえなかった。そのための第一弾であった。とにかく、モンゴルは、ほとんどはじめてこのとき、水軍といえるだけのものを自前でもつことになった。

本当に、五〇〇〇艘、七万もの大船隊であったかどうかはさておき（というのは、五〇〇〇、七万というのは、いかにも口調がよすぎる）、ともかくも大規模な水上船隊のめどがたつと、こんどは、陸上の各部隊と連動しつつ、合同の大軍事演習をおこなった。主将アジュのひきいる純粋モンゴル騎兵は、遊軍である。漢字で「蒙古・漢軍」と通称される諸種族混成の華北方面駐屯部隊は、歩騎の混成軍であった。これらの部隊は、ジャライル族のひとつの支族の出身であるアウルクチ、フウシン族のスルドゥタイ、別のジャライル族のアラカン、オロナウル族のカイドゥなど、純モンゴル将官がひきいる。そして、西夏王族の李恒《りこう》、南宋から寝返った劉整《りゅうせい》、保定《ほてい》軍閥の張弘範《ちょうこうはん》、亳州《はくしゅう》万戸の史格《しかく》などがひきいる漢人主体の各隊は、歩兵を主力とする。

機動力も兵数もことなるこれらの各部隊は、それぞれの長所に応じた役割と持ち場を分担した。それに、純モンゴルのテムル・ブカをはじめ、張栄実《ちょうえいじつ》、解汝楫《かいじょしゅう》、游顕《ゆうけん》などがひきいる水軍が組みあわされた。鹿門山と峴山のふたつの本営の命令のもと、これらの水陸両軍が、襄陽・樊城をとりまく巨大な環城の外側で、あらかじめ想定されたスィミュレイションにそって、訓練をくりかえした。

当初の大土木作業、ついで水軍の大建設、そして、あいつぐ大軍事演習。これにかかる費用と物資は莫大であった。これを三年がかりでやりつづけた。襄陽地区に配されたモンゴル側の兵は、当初の一〇万あまりからさらにふえていった。それらの補給を担当する後方支援の人員も、残念ながら実数は確認できないが、どうしても数万人は必要となる。

ここに投下された人間と資金をめあてに、諸方から噂をきいて、商人をはじめ、いろいろな人たちがやってきた。襄陽地区の兵たちは、まったくの消費人口であった。襄陽地区の郊外一帯は、戦時景気で沸騰した。

巨大な環城の外側では、日ごとに、にぎやかさがましてゆくのにくらべ、襄陽・樊城両市の城内では、食糧の備蓄もしだいに底がみえだし、あせりと不安がひろがっていった。襄樊地区でモンゴルの大兵団がいすわったまま、これまでとはまったくちがう長期戦のかまえをとっていることについては、さすがに賈似道《かじどう》ひきいる南宋政府も、気づかざるをえなかった。

南宋側はまず、至元六年（一二六九）三月、張世傑《ちょうせいけつ》ひきいる水陸の小部隊をくりだし、同年七月には、夏貴《かき》ひきいる五万の軍と三〇〇〇艘の兵船を北上させたが、包囲線にとりつくまえの漢水流域ではねかえされた。そこで、さらに大部隊の出撃がはかられ、至元八年（一二七一）六月、切札ともいえる范文虎《はんぶんこ》ひきいる水陸の精鋭一〇万の大軍団を発進させ、漢水ぞいを襄樊両市にむかって北上させた。モンゴル軍は、この日をまっていた。三年がかりの布陣と軍事演習は、この日のためであった。モンゴル軍の各部隊は、すっかり身についた配置と分担にしたがって、みごとに統制された軍事行動を展開した。

南宋の機動部隊は、モンゴル側がつくりあげた作戦陣地の網のなかに、おびきよせられた。南宋側の陸戦部隊は、アジュ直属のモンゴル騎馬隊に側面から攪乱《かくらん》され、統制をうしなった。各隊の連絡が寸断された状態のなか、手さぐりで襄樊両市をもとめてふらふらと北進した。

ところが、街道の要所には、モンゴル側の堡塁や付け城がかまえられ、迎撃態勢をととのえたモンゴル側の華北兵団がまちうけていた。南宋軍は、完膚《かんぷ》なきまでにうちやぶられ、敗走した。逃げてゆくみちみちには、あら手のモンゴル側の部隊がいれかわりたちかわり、あらわれた。さいわいにモンゴル軍の手からのがれたものも、「空白の壁」の原野でたおれた。

いっぽう、水上部隊については、無条件に完全有利の前提で、南宋軍は北上してきた。陸戦部隊の食糧補給も、水軍がたよりであった。襄陽、樊城両市には、すくなくとも水軍だけは、やすやすと入城できるつもりでいた。

ところが、漢水をさかのぼって、もうそろそろ襄樊両市もはるかにのぞめるかという目印の関門となる東畔の鹿門山《ろくもんざん》ちかくまでにいたると、そこには強力な要塞がかまえられ、対岸の砦とのあいだの川面は、乱杭と鉄鎖で遮断されていた。そして、モンゴルの大船隊がびっしりと漢水をうめつくしていた。厖大な数のモンゴル船隊がすがたをあらわしたこと自体、南宋水軍には衝撃であった。しかも、それは陸上の要塞群とも連動している。

こと水戦には絶対の自信をもつ南宋軍は、はげしい動揺と混乱を呈しながらも、決戦をいどんだ。しかし、水陸両方からのモンゴル側の攻撃をしのぐことはできなかった。つぎつぎと南宋船隊は火につつまれ、多くの艦艇は漢水下流へと戦場を離脱した。

殿前副都《でんぜんふくと》指揮使《しきし》の肩書をもつ范文虎ひきいるこのときの南宋の水陸両軍は、南宋中央軍団を中核とし、全南宋軍のなかでも、とびきりの精鋭部隊であった。このほかにも、南宋国内にはいくつかの軍団があった。しかし、それらはどれも持ち場がきまっていて、任地を空《から》にして出軍することは、むつかしかった。現実に、機動部隊として発進させることができるのは、このときの軍団であった。

その虎の子の水陸両軍が、ほとんど全滅にちかいかたちでたたきつぶされた。この襄陽南郊でくりひろげられた水陸の決戦こそ、じつは南宋の運命をきめる戦いとなった。

モンゴル軍は、南宋軍の最精鋭を「空白の壁」の北にひきこんで完全に撃滅した。戦略と作戦、組織力と統制力の勝利であった。

### 新兵器マンジャニーク

この決戦以後、南宋中央政府は、まったくなにもしなくなった。中央からはじめて投入した大部隊が、いっきょにほとんど全滅したことで、恐怖にふるえ、いすくんだ。これからのちは、襄樊両市のことは、見て見ぬふりをきめこんだ。結果において、見殺しにしようとした。

しかし本当は、どうしてよいのか、わからなかった。事態をありのままみつめ、できるかぎりの対策をうつという態度は、みられない。いまや歴然としたきたるべき恐怖のときをまえにしながら、その恐怖のみなもとから目をそらし、その日ぐらしの安逸のなかに、ひたりこんだ。無責任・無気力は、南宋の宮廷・政府をおおっていた。

南宋の実権者である賈似道は、当時の文献でもそういい、近現代の歴史家たちもそういうように、たしかに一面で有能な人物であった。よく知られているように、クビライも、賈似道の実行力・経営手腕をたかく評価していた。

しかし、この決戦から南宋国の消滅をむかえるまでのまる四年間の無策ぶりと自堕落ぶりをみると、賈似道は内政にはむいていたかもしれないけれども、国運をかけた局面を背負うような人物ではなかったといわざるをえない。かれは、おそらく「内むき」の人間であった。南宋王朝にとっては不幸であったが、南宋国の人びとにとっては、結果をみるとかならずしも不幸であったとはいいきれない。

賈似道政府とは別に、あらたに長江中流域をあずかる京湖制置使《けいこせいちし》となった李庭芝《りていし》は、最後の襄樊支援をこころみた。それは、襄陽西北方で漢水に流入する青泥河《せいでいが》から救援物資を送りこもうという奇策であった。そのため、漢水西方の剽悍な山岳民三〇〇〇がやとわれた。張《ちょう》順《じゅん》と張貴《ちょうき》を将とする、決死隊は、襄樊両市への支援物資をつみこんだ船で漢水上流から突撃した。

　この奇策は成功し、襄陽は包囲後はじめて補給をうけた。しかし、それが最初で最後となった。入城に成功した張貴の船隊は、漢水をくだって南面の包囲線をも突破しようとしたが、今度はモンゴル側に殲滅された。なお、入城まえの戦闘で、主将の張順は、身に三槍六箭を浴び、壮烈な討死をとげた。その死体は、漢水の川面に浮かんだまま流れをくだって襄陽に達し、城中の兵民たちの涙をさそったといわれる。『水滸伝』に登場する一〇八人の豪傑のなかで、水中が得意な「博浪沙《はくろうさ》の張順」のイメージは、このはなしが下敷きとなっている。

　襄樊両市は、いまやまったく孤立した。ところが、こうなってからもなお、呂文煥は兵と民をよくはげまし、籠城と抵抗をつづけた。呂文煥のたたかいは、むしろ、こののち二年間にあった。

　ここにいたって、クビライとその軍事参謀は、新兵器の使用にふみきった。それは、フレグ・ウルスのアバガのもとよりつかわされたアラー・ウッディーン、イスマーイールらの技師たちがつくったカタパルト式の巨大投石機であった。これは、ペルシア語でマンジャニークとよばれた。その語源は、ギリシア語のメカニコスである。つまり、メカニクとかマシーンとかと、おなじ語源のことばである。

もともと、中国方面にも小型の投石機はあった。振子《ふりこ》式にふりとばすやりかたや、シーソー式にはねとばす方式もあった。とばされるもののほうも、石弾だけでなく、なかに火薬をつめこんだ陶製の花火式弾丸もあった。ただ、中国在来のものは、小型であった。

モンゴルは、ユーラシア東西での征戦のたびに、各地に存在した兵器・戦術をまなび、どんどんとりこんでいった。投石機も、そのひとつである。そして、技術者を優遇し、よりすぐれた効果のあるものを改良・開発させていった。この時点で、最大の石弾を最大距離でとばすことができるのが、フレグ・ウルスで開発・改良されたマンジャニークであった。

アラー・ウッディーンたちは、この巨大な投石機を、たとえバラバラにしたにせよ、ともかくも自分たちでたずさえて、はるばる東方にやってきたと考える必要はない。かれらは、身ひとつでやってきて、東方であらたに何台もつくった。頭と技術だけがあればよいのである。なにも、あるひとつの「もの」が実際に動かなくても、「もの」は東西に伝播する好例である。

中国方面では「回回砲《かいかいほう》」とよばれることになったこの巨大な新兵器は、至元十年（一二七三）一月、まず樊城へとむけられた。城濠・外柵の北方にすえつけられたマンジャニークから、つぎつぎと巨大な石弾が飛来し、樊城の角楼《かくろう》・外郭をうちこわした。あわせて、外柵は焼きはらわれた。そうしたところから、モンゴル軍が殺到し、張漢英ひきいる樊城の守備兵は降伏した。

対岸の襄陽にいる呂文煥たちは、たすけにゆこうにも、両市をへだてる漢水主流にかけてあった浮き橋は、すでにたちきられて、いまや川面にはモンゴルの大船隊がうかんでいた。つづいて、樊城の城中にマンジャニークがはこびこまれた。対岸の襄陽にむけて、漢水をも平気でとびこして空からふってくる巨弾に、さすがの呂文煥も青くなった。

つぎつぎと城楼をうちたおし、城中の家屋や兵士・市民をなぎたおす新兵器の恐怖と威力に、呂文煥をはじめとする籠城兵たちは戦意をうしなった。翌二月、全軍・全市民あげて、モンゴルにくだった。あしかけ、六年におよぶ籠城であった。

この長い籠城戦を、両軍あまり傷つくことなく終了させたのは、新兵器がもたらしたショックであった。人間の力ではふせぎようのない新兵器を目のあたりにして、籠城で一致団結していた兵士・市民たちも、あきらめがついた。主将である呂文煥の面子《メンツ》もたった。かれらは、納得して降伏・開城の勧告にしたがった。

もはや、誰の目にも、時代は変わりはじめていた。

## 驚異のドミノくずし現象

クビライは、降伏してきた呂文煥とその部下、そして両市の住民たちを優遇した。

クビライは、主将の呂文煥には、漢水方面の軍司令官を意味する襄漢大都督《じょうかんだいととく》の地位をあたえた。その部下たちには、クビライ直属部隊を意味する侍衛親軍《じえいしんぐん》の肩書をさずけた。そして、これら降伏部隊は、これまでどおり呂文煥の指揮下にゆだねることとした。呂文煥とその部下の将士たちは、これまでよりも、かえってめぐまれることとなった。かれらはこの厚遇に感激した。

呂文煥とその将士は、あきらかに自分たちを見殺しにする態度をとった賈似道ひきいる南宋政府にたいし、腹をたてていた。事情がわかるにつれて、いかりははげしいいきどおりに変わっていった。

襄樊攻防戦のさなかに、兄の文徳がみまかっていた呂文煥には、もはや南宋国にたいする愛着や未練はなかった。呂文徳は、賈似道と親しかった。しかし、兄の死後にとった賈似道の態度は、ゆるしがたかった。呂文煥とその与党の滅亡を、賈似道はのぞんだように見えたからである。呂文煥は、復讐にもえた。

クビライとその政権は、武人を優遇し、実力と実績をただしく評価する。予想に反して、人種差別もない。クビライのしたには、多くの「漢族」たちが、その能力によってはたらいている。不当な左遷や気まぐれの処罰は、すくなくとも党争・嫉妬にあけくれる南宋国よりは、すくなそうである。

呂文煥とその将士たちは、クビライこそ自分たちの主人と確信した。呂文煥は、南宋作戦への全面協力と積極参戦をねがいでた。

こうして、襄樊攻防の六年をたたかいあったかつての敵と敵は、ひとつとなった。南宋屈指の精鋭である呂文煥軍は、モンゴルの「イル」（仲間）となった。呂文煥は、兄の文徳のきずいた人脈を生かして南宋国内の切りくずし工作と根回しをおこなった。そして、南宋全面進攻の先導役をひきうけた。

呂文煥の行動は局面を大きく変えた。モンゴル側は、一気に有利となった。軍事上のプラスだけではなく、なによりも南宋全土に鳴りひびいた有名な武将で、モンゴルにもっともはげしく抵抗したはずの呂文煥が、かえって優遇されて先頭に立ってすすんでくる。モンゴルが無慈悲な蛮族ではない最高のあかしであった。

かたや、南宋にはほとんど致命傷となった。実戦力にとむもっとも強力な味方を、内情を知り、足もとをつきくずすもっともおそろしい敵に仕立てあげた賈似道は、おろかであった。

このころ、中央アジア情勢が緊迫にむかいつつあったこともあって、クビライは南宋作戦のうちきりをかんがえていた。しかし、アジュ、史天沢、呂文煥らの前線の将官たちや、クビライ自身の漢族の参謀・学者ブレインたちも、一気に南宋を吸収・合併する絶好機であることを一致してつよくもとめた。御前会議をひらいて意見を聴取したクビライは、熟慮のすえ、南宋国への大進攻を決意した。

ここに、南宋作戦は別の段階に入った。まる一年をかけて、作戦がねりなおされ、あらたに南宋にかかわるすべての方面で全面進攻が計画された。やはり、モンゴル兵をあまり使わないかたちで大軍団が再編成され、全軍の総司令官として、バアリン族の出身である若き左丞相バヤンが任命された。

至元十一年（一二七四）、各国境線でモンゴルの大進攻がいっせいに開始された。バヤンの本隊二〇万は、呂文煥軍の先導のもと、水陸あわせて漢水をくだり、鄂州をあっという間に開城させた。ほとんど、南宋軍は抵抗しなかった。呂文煥の根まわしは、よくきいていた。

長江中流の最大の要衝である鄂州の全面降伏により、もはや「長江のまもり」は意味をうしなった。「空白の壁」も「水の壁」もなくなった。しかも、バヤン以下のモンゴル軍は、降伏した南宋の軍人・地方官を現職のままにとどめ、城市・住民もそのままにした。ようするに、ほとんどなにも変わらなかったし、変えなかった。

こうなると、「モンゴルの恐怖」という見えない影におびえていた江南の人びとは、あらそって降伏・開城した。その波は、とどめようもなくなった。巨大なドミノくずし現象が江南全域でおきた。モンゴル軍がすすむところ、各都市や住民は戦うことなくすすんで門をひらいて歓迎した。次々と投降してくる南宋軍をつけくわえたバヤン本隊は、おそるべき大軍となって、長江をくだった。それは、戦争ではなく、行進であった。

バヤン以下の将士には、クビライの「不戦の思想」が徹底されていた。戦うことが目的ではなく、組織化こそがねらいであった。旧南宋の行政・軍事組織は、モンゴル軍の行進とともに無傷なまま再編されていった。システムとしての戦争は、ここでもつらぬかれていた。賈似道は、やむなく南宋中央軍の一三万をひきいて、至元十二年（一二七五）三月、蕪湖《ぶこ》にて迎撃すべく出陣した。しかし、もはや軍の統制はなかった。先鋒部隊が接触しただけで、全軍が壊滅した。南宋の命運は、まったくつきた。

### 中国統合

バヤン本隊は、襄樊両市を旅立ってより、ほとんど戦うことなく進撃した。そして、至元十三年（一二七六）正月、杭州は無血開城した。南宋国は、朝野をあげて平和裡にモンゴル領となった。南宋治下の人びとは、南宋王朝にたいして、クールであった。

こののち、旧南宋の首都部隊の脱走兵たちが、南宋王室のふたりの幼い王子をいただいて東南沿岸部を逃げまくり、三年後の至元十六年（一二七九）二月、広州湾頭の厓山《がいざん》で海に沈んだ。おもしろいことに、多くの場合、これをもって南宋国の滅亡という。人によっては、「元朝」という「中華政権」は、この年に出現し、明軍によって大都をおわれて「滅亡」する一三六八年まで、わずか九十年にもおよばない「短命政権」であったなどといったりもする。

古い王朝時代の「正統史観」である。「王朝交代思想」といってもいい古怪な考え方が、いまでも意外なほど信奉されている。

モンゴル政権は、この年までですでに七十年をへていた。その広域の権力は、大都を失いモンゴル高原に中枢部は後退しても、「滅亡」したわけではなかった。かたや、率直にいって、南宋国という国家は、一二七六年に消えうせた。ただ、そうした歴史上の現実はさておいて、三年後にまですこしでも長くしたかったのは、「中華王朝」の滅亡を愛惜してやまない明代以後の観念論者たちであった。イデオロギシュな心情は、じつは多分にポーズにちかい面もあるとはいえ、気持としてわからなくはない。

こうして、中国本土はすべてモンゴルに接収された。モンゴルは、長い年月をついやし、幾度かの失敗のはてに、クビライにいたって、ようやく南中国を手に入れた。一二三六年のクチュの南征からかぞえて四十年後の江南併合であった。

クビライは、ユーラシア大陸で最大の富をほこる江南を、ほとんど無傷のうちにそっくりまるごと手に入れた。その接収作戦には、他のモンゴル帝室は、ほとんどまったくかかわらなかった。江南は、いわばクビライの個人所有となった。クビライは、歴代大カアンはもとより、人類史上でも、もっとも富強な帝王となった。

ひるがえって、金と南宋の対立からかぞえて、およそ百六十年。西暦九〇七年、唐朝の滅亡とともに同時に「皇帝」を称したキタンの耶律阿保機《あぼき》と後梁《こうりょう》の朱全忠《しゅぜんちゅう》の「ふたりの皇帝」状態にはじまるキタン遼帝国と五代・北宋政権との南北対峙から通算すれば、ちょうど三百七十年ぶりに、中国方面は、統合された。もし、「統一」の現実面を重視して唐の玄宗時代にまでさかのぼってかんがえれば、なんと五百三十年ぶりの統合であった。

四川方面の南宋軍も投降した。広西や江西・湖南の非漢族地域についても、杭州開城以後のモンゴル各部隊の展開で、ほとんど戦うことなくモンゴルの支配をむかえいれた。この結果、すでにモンゴル領となっていた雲貴高原もふくめて、長江以南の版図は大きくひろがった。湿潤世界の版図であった。そして、中国の立場から見れば、「中国世界」は南側へひとまわり大きくなった。

クビライとそのブレインによる新国家「大元ウルス」の建設事業は、つぎの段階に入った。

## 3　海上帝国への飛躍

### 南宋の遺産

南中国を手に入れたことで、モンゴルは遊牧民出身の国家でありながら、海の世界にも進出することとなった。世界史上で、はじめてのことである。モンゴル帝国の歴史も、クビライの新国家も、ここでまったく別のレヴェルへと踏みこむことになった。

それは、海上帝国への道である。とりわけ、海軍力の保有であった。

南宋国が育成していた海上艦隊のうち、南へ脱出して厓山で沈んだ艦艇もあったが、のこりはクビライ政権、すなわち大元ウルスのものとなった。大元ウルスは、南宋国の百五十年の遺産を、ほとんどそのままひきついだ。このことのもつ意味は、大きい。

もともと、南宋国の海上展開をおそれていたクビライとその軍事参謀たちは、海洋戦闘力の獲得にはすこぶる熱心であった。海上艦艇をもつ「海賊」たちをも、熱心に招諭《しょうゆ》した。朱《しゅ》清《せい》や張瑄《ちょうせん》らも、その代表例である。

いっぽう、付庸国の立場を鮮明にした高麗においても、さかんに海上用の艦艇を建造させた。それらは、高麗の反政府勢力が拠る珍島《ちんとう》、つづいて耽羅島《たんらとう》、すなわちいまの済州島《さいしゅうとう》の制圧につかわれ、そのまま第一回の日本遠征用の艦艇となった。日本でいう「文永の役《ぶんえいのえき》」は、至元十一年（一二七四）を期して、いっせいに大進攻がおこなわれた第二次南宋作戦の一環であることはあきらかである。

しかし、南宋国の直属艦隊をのぞくと、なんといっても、もっとも有力な既存の海上勢力は、泉州《せんしゅう》を中心に、中国東南の沿岸諸都市に出入する貿易船団であった。とりわけ、泉州をねじろとする蒲寿庚《ほじゅこう》とその命令・管轄下にあるムスリム商人を中核とする船団であった。じつは、南宋作戦のかなりはやい時期に、これらのムスリム海上商業勢力との接触がはかられていた。杭州の無血開城後、南へ逃亡したささやかな「流亡宮廷」も、蒲寿庚に期待した。ゆたかで安定した税収のある泉州には、南宋王室の一族が代々、すまいしていた。「流亡宮廷」は、あわよくば、泉州に安住の地をもとめようとした。

ただ、みずからもイラン系ないしはアラブ系の海洋商人でありながら、たてまえではあくまで、南宋国の「提挙市舶《ていきょしはく》」、すなわち船舶と通商をとりしまる行政官であった蒲寿庚にたいして、かれらは不用意に尊大な態度にでた。これといった人物は参加せず、政治手腕に不安のある陳宜中《ちんぎちゅう》を名前だけの代表にして、もともとは北中国から流れてきた無頼漢《ぶらいかん》あがりの下級士官の張世傑《ちょうせいけつ》が実権をにぎるこの流転の「小宮廷」では、しかたがなかったのかもしれない。

蒲寿庚は、激怒した。単独で、「流亡宮廷」を敵にまわして激戦し、かれらを泉州湾からおいだしてモンゴルと手をにぎった。クビライは、蒲寿庚をとりこむことで、海上通商勢力をまるごと手に入れた。蒲寿庚らも、クビライ政権の海上進出にすすんで協力した。泉州では、モンゴル政府による大型艦の建造も開始された。

## 世界史上最初の航洋大艦隊

モンゴルにとって、南宋接収後の海上戦力の組織化をためす最初の機会が、第二回目の日本遠征、すなわち「弘安合戦《こうあんかっせん》」であった。至元十八年（一二八一）、日本の元号では弘安四年、江南から一〇万の兵をのせた大艦隊が東シナ海をこえて九州に達した。ふつう、これを「江南軍」という。

ところが、どう史料をしらべてみても、この兵のほとんどは武装してはいなかったらしい。旧南宋国の職業軍人たちのうち、希望者をのせた「移民船団」といってもいい内容であった。従来、ややもすれば、一〇万という数字におどろいて、「強大なモンゴルの嵐」が「弱小な日本国」をおそったというイメージが先行しがちであった。

しかし、じつはおそらく、純粋の戦闘部隊は高麗国より発進した「東路軍」だけといってよかった。さらに、その四万のうち、本当に実戦に投入できるのは、モンゴル・キタン・女真・漢族混成軍のうちの六〇〇〇くらいと、高麗兵のうち、四〇〇〇〜五〇〇〇ていどであった。つまり、一万内外の戦力というのが実態であった。

それが、対馬海峡の波濤をこえてやってきた。しかも、上陸すべきところは、「石築地《いしついじ》」がきずかれている。日本兵には、地元の利がある。「弘安合戦」を、「大陸側」からながめると、モンゴル遠征軍は、負けてあたりまえにもおもえてくる。

もっとも、ある厳密な日本史家によれば、日本側も、数万から一〇万などというのは当時の社会の現実からして途方もない数字で、正確に算定することはむつかしいが、各地からよせあつめた人々のうち、実戦力となるのは、せいぜい五〇〇〇どまりだという。もしそうならば、遠征の不利と地元の利を勘案して、両軍いい勝負というところだったのかもしれない。さらに、そうであるならば、「颶風《ぐふう》」は、勝敗の決定要因として意味をもつのかもしれない。

そうはいっても、それも、しょせんイメージ論である。これまでが、あまりにも「巨大な外圧」と「弱小な日本」というイメージが好まれすぎただけである(それは幕末・明治以来の「くせ」である。筆者は、「元寇」という歴史用語は、中国文献に使われる「倭寇《わこう》」にたいするアンチ・テーゼとして、江戸期に生みだされた造語ではないかと考えている)。それよりもここではむしろ、江南から発した大艦隊そのもののもつ意味に注目したい。

とにかく、この艦隊は「外洋」をおしわたったのである。航洋艦による海軍なのである。しかも、一〇万という途方もない大集団をのせたうえで。おそるべき運搬能力である。しかも、南宋国を接収してから、わずか五年後のことである。非常な組織力、建造力といわねばならない。既存の水船を、海船に転用することは、できない。竜骨などをそなえたしかるべき構造船でなければ、波濤は乗りきれない。

じつは、第二回の日本遠征のうちの「江南軍」は、人類史上において、おそらくはほとんど最初で、あきらかに最大の、「外洋航海」をした大艦隊であった。

歴史上、これ以前に大艦隊の例は、じつはあまりない。そこでやむなく、はるかむかしの例となるが、いわゆる「ペルシア戦争」に投入したダレイオスの海軍は、巨大な艦隊であったといわれている。しかし、「内海」の「内海」にすぎないエーゲ海を、しかも陸地にへばりつくようにして、すすんだ。トラキアにあるたったひとつの岬さえ、風がつよすぎるため通過できず、わざわざ半島部の根もとのほそくなったところに専用の運河を開削するほどであった。くだって一連の「十字軍」という名のヨーロッパ人の来襲も、その多くはやはり

「内海」の地中海をわたってやってきた。これらと遣唐使の船が苦労した東シナ海の波濤とは、くらべものにならない。

モンゴルは、江南接収後、たちまちのうちに、巨大な海上艦隊をもつ帝国となったのである。南宋国の百五十年のあいだに、芽ばえ成長してきていた造船力と航海技術が、クビライ帝国という稀にみる目的凝集力のある国家主導型の政権とむすびつくことによって、一気に人類史上最大の航洋艦隊というかたちとなってあらわれた。クビライの大元ウルスは、南宋国の後継者でもあった。内陸型の軍事政権が、海洋志向型の「生産社会」とリンクした結果、かつてないかたちを生みだしたのである。

なお従来、日本遠征に関連して、このときの艦隊は、江南人民をむりやり徴発してつくらせたもので、そのため手ぬきが多くて、颶風にあうとたちまち沈んだなどと、まるで見てきたようなことをいうむきもある。しかし、これは「解釈」である。

一部の艦艇を徴用してつくらせたのは、たしかである。しかし、その建造や労働についての費用はどうしたのか。資材も労賃も自弁の労働ならば、造船にあたった人々による直接の大反乱がおきていいはずである。まして、「手ぬき」などの「解釈」を裏付ける証拠はない。

また、第三回目の日本遠征が、ついに実現しなかった理由として、江南での諸反乱や、ヴェトナムの「抵抗」などをあげるむきもある。しかし、その実証作業には無理がある。状況からもそれをむすびつけるのは、説得力がとぼしい。

江南山岳地帯の反乱・暴動は、南宋時代からたえまなくあった。日本遠征の前後でも、またそのさいちゅうでも変わることなくおこりつづけている。日本遠征があったから、反乱をおこしたのではない。また、日本遠征に従軍したことのある中級指揮官の劉国傑《りゅうこくけつ》が、わずか二〇〇〇にもみたない「征東兵」をひきつれて内陸部の反乱鎮定にいったからといって、それを中止の理由とするのも無理である。

文献上では、ただひとつ、至元二十年（一二八三）、クビライが江南民衆の苦労が多いので、「征東」を中止するという詔をだしているのが、こうした見方のすがるところとなる。ブレインのひとり崔彧《さいいく》の上言も、これに対応する。

しかし、それは「口実」であった。本当は、クビライ政権にとって最大のうしろだてであった東方三王家の動きが、すでにあやしくなっていたため、日本遠征など、やっていられなくなったのである。そして、実際にオッチギン王家のナヤン（政権樹立のさいのクビライの盟友タガチャルの孫）を中心とする大反乱がおこり、七十三歳のクビライはみずから出撃するという窮地においつめられる。

日本遠征用にと、大都の中央政府の膝もとで編成しはじめていた強力な部隊をはじめ、マンチュリア、遼東半島、高麗方面の各種部隊も、次々と北上させざるをえなくなった。なお、このときの「第三回」日本遠征は、それまでの二度とはちがい、中央政権が直接に乗りだしていた。従来からのマンチュリア方面軍と高麗王国にくわえ、中央政府所属の軍団と艦船による「最強」の遠征軍が準備されていた。そのことは、『元史』の世祖本紀などをちゃんとよめば、すぐにわかる。その他の文献証拠も多い。筆者は鎌倉幕府が、「弘安合戦」以後も、九州方面の警戒態勢を解かなかったのは、ただしいと考えている。もし、この遠征部隊が企画どおり、日本にくりだしていれば、そのときは日本は本当にあやうかったはずである。

けっきょく、高麗国をも戦場にして東北アジア一帯で戦闘がくりひろげられた。日本遠征にあてられるはずの艦船もふくめ、江南や華北からの兵糧を積みこんだ船隊が、遼河の河口部をはじめ、遼寧沿岸部にしきりに廻航された。艦船による大量の物資移動と補給は、いまやクビライ政府軍の強味であった。前後五年におよんだこの大反乱の結果、日本遠征はできなかった。それが、第三回目がなかった最大にして、ほとんどゆいいつの理由であった。それ以外の理由は、ないといっていい。

事実上、この反乱が終熄すると、クビライ政権は、さっそく至元二十八年（一二九一）に日本へ使者をおくってきた。日本遠征の意志は、すてていなかった。ただ、クビライがその三年後に長逝してみおくられた。その後は、カイドゥの大侵攻とそれにともなう政治情勢の変転が、モンゴル帝国の核心部分でつづいたため、けっきょく不可能となった。ヴェトナムの「反抗」も、日本遠征の中止と、ほとんど関係がない。担当セクションが、まったくちがったのである。

第二回目の「江南軍」についていえば、碑文資料など従来つかわれていない史料も拾いあつめてみるかぎり、意外にも、主要な将官から、下士官クラスまでについては、ひろく無事に帰投しているようなのである。ある程度の大型艦船にのってさえいれば、大丈夫であったらしい。当時の漢文文献のなかに、江南軍一〇万のうち、帰ったのはわずか「三人」という有名な記事がある。それは、ひとつには、もちろん漢文によくある「文飾《ぶんしょく》」である。もうひとつは、そうしたことを述べる『元史』外夷伝の日本の条をはじめ、従来よく使われたいくつかの記録は、じつは元代末期のある特殊な状況のもとでつくられた一連の文献にもとづいている。ニュース・ソースに疑問があり、じつは根本からの意味をもちえないものなのである（『元史』は正史とはいっても、明の洪武帝が北にまだ健在の大元ウルスを「滅亡」したといわなければならない緊急の政治要請から無理矢理つくらせた。そのため、部分によっては、眉唾のデータも使用した。おなじ『元史』でも、いわばパーツによって史料性がまったく異なる。『元史』のもととなった文献に、直接あたれることもしばしばある。その結果、『元史』のその部分の正確さや杜撰さがわかることも多い。こうした文献学上の知識は、すこし『元史』を扱った人ならば、すぐにわかることである）。

「モンゴル大艦隊」の主力艦艇は、あまり傷ついていなかったようである。気の毒なのは、「移民船団」専用の船に分乗した人々ではなかったか。ただ、それとても想像である。はたして、どの程度の人々がほんとうに海に沈み、あるいは岸にあがったものの、日本軍に殺されたり、もしくは捕虜となったのか、じつはよくわからない。

すこし不思議なのは、このあと江南で戦没者をとむらうような動きが、公私さまざまなレヴェルをとわず、記録にまったくみえないことである。ほんとうのところは、命をおとしたものは、あまりいなかったのだろうか。あるいは、中国の観念で兵はいやしいものとされ、一般兵士の場合、家庭や妻子をおそらくもつことはできなかったから、命をおとしても、とむらおうとするものもいなかったのだろうか。

もし、後者であるならば、本当にあわれというほかはなくなる。こういう点、歴史上の多くの記録は、名もない民のこととなると、じつは冷淡である。そして、歴史家というものは、既存のイメージや文献の表面にまどわされることなく、なにがはたして「本当の事実」なのか、ぎりぎりまでつっこんで真相を見きわめようとすると、じつはたいてい無力である。

## 海洋と内陸の接合

いわゆる「江南軍」のうち、大艦の一部は、蒲寿庚が建造したものであった。東南アジア各地への派兵にも、蒲寿庚をはじめとするムスリム商業勢力の存在は無視できない。ヴェトナム、チャンパー、ジャワへの遠征は、いずれも「海上進攻」のかたちでおこなわれた。

進攻した軍団の顔触れは、まちまちであった。出先のモンゴル側の各隊が組みあわされて、遠征軍が組織された。しかし、その遠征軍をはこんだ艦隊のほうは、おなじ顔触れが関係していた。遠征にかかわる資材・物資などの調達も、ムスリム海上商人たちの力によるところが大きかった。

クビライ政権による東南アジアへの「海外派兵」は、炎暑と疫病、そして現地の人々の「反抗」によって、日本遠征の場合とおなじく、「失敗」したといわれている。しかし、これらの遠征が、もともとその地方の軍事征服や恒久支配をねらったものと無条件に決めつけてよいかどうかは、おおいに検討の余地がある。

かつてモンケ時代に、ウリャンカダイ軍が雲南から出撃して、国内を席捲したヴェトナムについては、事情がすこし複雑である。ヴェトナムは、唐宋以来、中国本土を制圧した中華政権に「侵略」されるパターンがあった。そのためもあってか、クビライ時代にもヴェトナムは戦おうとする姿勢が旺盛であった。そのヴェトナムにたいして、従来いわれているほど、クビライはけっしてとことんたたこうとは、じつはしていない。

ましてヴェトナムをのぞく国々については、むしろ現実には、モンゴル遠征軍にあまり実戦する気はみられない。服属や来貢をうながす宣伝部隊にちかいようにみえる。海上艦隊そのものは、ほとんど傷ついていない。

というのは、もしクビライ中央政府が直接に企画して、本気に単純な軍事征服をねらっていたならば、もうすこし強力な遠征軍を編成したことだろう。それは、当時の客観状況からみて十分に可能なことであった。

ところが、実際にはどの「遠征軍」についても、三線級・四線級のメンバーが「指揮官」となっている。その陣容も、すくなくとも陸戦部隊に関するかぎり、およそ貧弱なものであった。モンゴル軍とか、大元ウルス軍というにしては、ごくささやかな規模であった。江南駐屯部隊のうち、さらに末端の小部隊がいくつか使われている程度である。日本遠征とは比較にならない。

これを「強大なモンゴル軍の東南アジア侵略」といった表現で語られると、奇妙な感じはいなめない。「攻めた」モンゴル側からみると、原典史料をよく検討した結果の見解というよりも、やはりイメージ論にちかいといわざるをえない。

こうした南方遠征の全体をとおしてながめると、軍事上よりも、むしろ経済上の側面がきわだってうかびあがる。通商や交易を勧誘したり、海洋による通商ルートとその拠点となる港を確保しようとするほうが目につく。艦隊も、武装した商船隊にちかい。あえていえば、陸地を軍事征服するのではなく、海域を制圧しようとしたのである。しかも、「遠征」の企画・立案からはじまって、全般にわたってムスリム商業勢力の影がみえる。

とりわけ、それは一二九二年のジャワ遠征の場合に、はっきりしている。その実態は、「遠征軍」とは名ばかりで、ほとんどムスリム海洋商人の主導による貿易船団であった。国家と特権をもつ海上企業とがタイ・アップした貿易振興事業といってもいい。中央にいて、南方の「出先」からの申請を認可したクビライとそのブレインたちは、そのつもりだったのだろう。ところが、ジャワ島についてみると、現地の紛争に出動を要請され、不用意に陸戦部隊が山ごえして国内戦争に介入してしまった。内戦に利用されたあげく、けっきょく撤退となった。クビライが怒ったのは当然である。敗戦に怒ったのではなく、沿岸部での通商活動という予定を逸脱して、無用の混乱をまねいたことに怒ったのである。なお一万五〇〇〇ほどの兵員をのせたこの船団でさえ、南シナ海からジャワ海を「航洋」した艦隊としては、史上おそらく最大であった。

こうした「海上発展」は、南宋時代にはすでに可能な情勢にはあった。しかし、それは民間ベースにとどまった。沿岸部の特定の人間だけの問題であった。国家・政権が、みずから航海を企画・組織して海外交易にうってでようとする発想はなかった。政権の体質が、まるでちがっていたのである。

モンゴルと一体化していたムスリム商業勢力にとって、政権やその出先機関が企画する「遠征」活動そのものが営利事業であった。そして、これら「海上遠征」は、「大元ウルス」の立派さを伝え、貿易と経済の振興をはかるデモンストレイションといってさしつかえない。ささやかな規模の「軍隊」は、ボディガード役であった。

モンゴルは、すでにチンギス・カンの時代から、内陸貿易に従事するムスリム商人たちと

「共生」ともいえるような関係をつづけてきていた。ついに、ここにいたって、軍事と通商の結合は、陸から海にもおよぶこととなった。

東南アジアからインド洋方面について、ほぼ至元二十四年（一二八七）ころをさかいに、クビライ政権は武力の行使をともなうやりかたから、平和通商を基軸とする関係樹立へ、はっきりと政策転換する。そして、クビライ時代の末年ころには、モンゴルの「侵略」をしりぞけた国々もふくめ、けっきょくのところ、クビライ政権に入朝して、表面上の従属関係、実際上の通商関係をむすぶものがあいついだ。クビライ中央政府の対応は、きわめて丁重かつ優渥《ゆうあく》にみちていた。この点、多少とも荒っぽいところがあった出先のものたちとは、ことなった。東南アジアの主要港湾都市には、クビライ政権から派遣された貿易事務官が駐在することとなった。大元ウルスの直接の関係国は、シンハラ・ドゥヴィーパ、すなわち現在のスリランカから、さらにインドの西海岸までふくまれた。ここに、東シナ海はもとより、南シナ海からインド洋の海域が、大元ウルス艦隊の海となった。そこからさらに西のアラビア海は、もはやフレグ・ウルスの勢力下であった。

ようするに十三世紀のすえころには、中国からイラン・アラブ方面までにいたる海域とそこを通る海上ルート全体が、モンゴル政権の影響下に入ったことになる。それは、モンゴルによって、ユーラシアの内陸世界と海洋世界が完全にジョイントしたことを意味した。中国本土の南北をへだてていた「空白の壁」も、陸路と水路と海路で、むすばれなおしていた。中国単一の主権のもとに、ユーラシアの東西が、切れ目なく陸上と海上の両方でむすばれたのである。モンゴルは、人類史上はじめて、陸と海の巨大帝国となった。そして、それとともに、ユーラシアを循環する交通網が、いまや目にもはっきりと出現した。

モンゴルがにぎる海上ルートを、東からは中国のジャンク、西からはアラブのダウ船が往来した。海上でも、交通・通商・政治は、ゆるやかにシステム化した。世界帝国モンゴルと連携した蒲寿庚ら大型の海洋商業資本のもとで、中国東南の沿岸諸都市は、史上空前の活況を呈した。とくに、泉州は世界各地の貿易船があつまった。そして、「ザイトゥン」の名で、ヨーロッパにもその評判がなりひびく世界屈指の貿易港となった。ユーラシア最大の江南の経済力と産業力が、モンゴルの力をバックとするムスリム商人たちの手をつうじて、世界にひらかれたのである。

この「海上の道」は、慶元《けいげん》（のち明代に寧波《ニンポー》）、そして世界最大の都市の杭州をへて、一気に「北洋」をわたり、直沽から通州をへて大都にリンクした。九州の博多湾一帯は、この「ユーラシア循環交通網」の東端のターミナルであったといってもいい。

ここで、おもしろいのは、現在の上海《シャンハイ》のもととなる港町が、このとき歴史上にすがたをあらわすことである。松江《しょうこう》の管轄下にある上海県という海ぞいのささやかな町が、それなりの意味をもつためには、海運が前提となる。上海にも、市舶司《しはくし》がおかれた。

上海は、モンゴル時代にはじめて意味をもった。意味をもたせる政権が、はじめて出現した。そして、動力船による外洋航海があたりまえとなった「ウェスタン・インパクト」以後の近代世界において、ふたたび脚光をあびた。

ちなみに、杭州という町も、じつはモンゴル時代に、もっともさかえた。明代以後は沈淪《ちんりん》した。「ザイトゥン」とよばれ西方世界にその名がとどろいた国際貿易港の泉州も、明代になって急激に衰えてゆく。モンゴル時代とそれ以後の時代との間には、町としての盛衰に、はっきりとした段差がある。国家や政権、さらにそれがとった経済システムが、ある町を生かしたり殺したりすることについて、これまで、かならずしも素直な目で事態をながめてはいない。

どうしても、モンゴル時代の中国方面については、「蛮族」「非文明」「異民族王朝」「征服王朝」などのマイナス・イメージが、とくにつよかった。そのため、繁栄を繁栄といい、事実を事実としてみなすことについて、それをはばむなにかの心理や抵抗感が研究者たちのなかにもあったのかもしれない。

## 4　重商主義と自由経済

### クビライ政権の経営戦略

クビライの国家において、とりわけて注目すべき点は、もともとは遊牧軍事力を基盤とする軍事政権でありながら、けっきょくは軍事力の支配にたよらず、むしろ経済の掌握こそを国家経営の主軸にすえたことである。これに関連していえば、中華帝国の長所を生かした行政機構は、この軍事と経済をつなぐ仲介役であった。

クビライとそのブレインたちは、経済立国の思想をはやくからもっていた。世界規模での流通・通商の創出を、はじめから考えていた。一面でそのための巨大プロジェクトであり、南宋接収や海外派兵であった。すでにある交通・運輸網も利用しつつ、水・陸・海のすべてを使った巨大な流通機構のハードウェアを整備したのも、そのためであった。

流通経済機構をみずからつくりだしたうえで、そこからあがる利潤に課税して国家財政をくみたてた。そのにない手の中心となるのが、イラン系のムスリム商人勢力とその出身の経済官僚であった。

クビライは、「オルトク」とよばれる会社組織のこうしたムスリム商業・企業家集団の力を活用して、物流・通商をうながし、産業化を促進させようとした。そして、それとつながる有力な人物を財務官僚に採用して、政経一致で経済政策を推進しようとした。

もともと、モンゴル国家では、チンギス・カンが高原を統合するまえから、その周辺にムスリムたち、とりわけイラン系の商人たちが出入りしていた。その後、モンゴルが対外戦争にうってでると、これら中央アジア・イラン方面出身のムスリムたちの活動は、はげしくなった。通商団の名のもとに、隊商《キャラバン》をくんで敵地におもむき、内情調査・攪乱工作・調略活動をくりひろげた。都市や国家・政権にたいする降伏勧告や交渉調停の使節にも、たいていムスリムがくわわっていた。

遠征軍や対外戦争をささえる各種の物資の調達や手配、その輸送網の確保なども、おおむね、イラン系のムスリム商人・官僚たちが担当した。モンゴルの軍事遠征のふたつの特徴である情報戦・補給戦のどちらにも、ムスリム勢力が大きな割合でかかわっていた。極端にいえば、モンゴルは、ムスリム商人たちを中心に用意されたルートを、ただひたすらすすめばよかった。

そのまえから、中央ユーラシアの各地には、イラン系ムスリム商人たちの活動拠点がいたるところにつくられていた。遠征の成功は、なかば保証されていた。さらに、ムスリムたちの能力が発揮されたのは、征服後の統治と運営においてであった。とくに、徴税は、ほとんどひとえにムスリムたちにゆだねられた。それは、たいてい、「請負い」のかたちでおこなわれた。

このように、かれらムスリム商業勢力にとって、モンゴルの拡大は、そのままかれら自身の利益と直結していた。イスラーム世界から、さらに東方へと、個別にはすでに通商活動をくりひろげていたムスリム商人たちにとって、それらの地域すべてが単一の主権におおわれて、その庇護のもとで安全・自由により大規模な経済活動ができることは、もっとものぞましいことであった。

ムスリム商人たちは、自分たちの商圏のいっそうの拡大とより大きな利潤のため、モンゴルの軍事力・政治力を利用したということができる。モンゴルもまた、そうしたムスリム商人たちの資本力・情報力・通商網を利用して、みずからの遠征と拡大を円滑にみちびいた。世界帝国モンゴルの形成にとって、イラン系のムスリム商人たちは、不可欠の要素であった。

みじかい歳月で、モンゴルのおどろくべき拡大が達成された背景には、こうした軍事と通商の結合が濃厚にみとめられる。そして、いまや、それは海の世界にもおよんだ。クビライ政権は陸と海のそれぞれのムスリム商人たちを統合・組織化して、これまで以上にかれらの力を有効に発揮させ、「世界通商圏」の主要な推進力としようとしたのである。

クビライは、政権樹立後まもなく、アフマドを長として経済・財務専管の特別中央機関をつくった。その機関の名は、漢字で「制国用使司《せいこくようしし》」といった。「国用」、すなわち国家の出入の用をコントロールする職とその役所というわけである。漢字のならびとしては、はなはだ「雅《が》」でない。現代風にいえば、「総合財務庁」といった感じの、ストレートでざっくりした外来語の匂いをどこか感じさせる語である。おそらく、発想のもとは、イスラーム世界の「ディーワーン」にある。

この役職と官庁は、数年後、格あげされて「尚書省《しょうしょしょう》」と名をあらためた。「尚書省」と古雅な名に改称したのは、中国在来型の中央政府である中書省《ちゅうしょしょう》と同格のもうひとつの中央政府であることを示すためであった。

ところで、従来の中華王朝には、行政・人事の統轄機関である中央政府（その名は、その時代でことなる）だけがあった。経済面を統轄する中央官庁、中央政府という発想は存在しなかった。経済・財務専管機関が必要なかったわけではないが、それを政権の表面におしだすのをひどく嫌った。唐末・五代・北宋にかけて「三司《さんし》使《し》」という経済担当部門があったが、それはあくまで中央行政府の下部組織であり、建前上は、あくまでやむをえず設置した存在であった。

そもそも、歴代の中華王朝は、商業および商業ふうなものにたいしてうしろむきであった。古代の理想王朝、理想社会を設定し、「農を本とし、商を末とする」農本主義・自然経済・原理主義の価値観から自由になりきれなかった。商業や商品生産、流通をうとましくおもう立場をついに捨てることができなかった（「経済」ということばはあったが、それはエコノミーの意味ではなく、「経世済民《けいせいさいみん》」、すなわち「世をおさめ民をすくう」ことであった。ようするに、政治のことである。おなじように、「政治」ということばは「政事」、すなわち「まつりごと」のことである。もしくはさらに、そのまつりごとが「治まる」ことの美称であった）。

もちろん、これは建前である。しかし、強固な建前であった。王朝も社会も、地主も民衆も、この建前に規制された。建前と本音が、月の表と裏のように、陰陽背中あわせの一身同体でありながら、公式の場になると建前だけが前面におしだされた。中華王朝というのは、はなはだイデオロギシュな存在であった。唐宋時代にかけて、しだいに商業は発達し、南宋治下の江南のうち、とくに都市部と沿岸港湾の活況は目をみはるものがあった。しかし、国家・政権のほうがすすんで利益追求を奨励したり、みずからそのなかに身をおこうという姿勢はとぼしかった。そういう政権体質ではなかったのである。これは一見、おもてむき清廉で立派そうにみえる。しかし、そのじつ、裏ではしっかりと商業とその周辺から、政権も官僚士大夫もたっぷり吸いあげることはわすれなかった。ようするに、とるだけの対象であった。商業にたいして、偏狭・固陋《ころう》な態度を堅持したといってもいい。

モンゴルは、もともとこうした建前から自由であった。かれらは、標榜すべき理想も建前ももたなかったが、そのかわり現実を直視し、経済・商業を重視した。とくに、クビライ政権は、それを前面におしたて、利益追求を本能とする商業・企業集団をむしろすすんで育成した。その国家経営の中心機関が、尚書省であった。

尚書省の管轄・職掌を、現在の日本国政府の省庁にあてはめていえば、総務・財務・文部科学・農水・経済産業・国土交通などをとりまとめたものにあたる。それまでの中華世界では考えられない存在であった。尚書省とその関係者が、漢文史料でよくいわれないのは当然である。建前上、国家・政権が「金もうけ」をたくらむのは、とんでもないことであった。ましてや、尚書省の主要メンバーは、イラン系ムスリムで構成されていたから、尚書省を中心とするクビライ政権の経済政策にたいする非難は、価値観・文明観のちがいにくわえ、すこしだが人種の点もある。くわえて、南宋時代にひとつの頂点に達していた「華夷」の思想は、人間を人種・宗教・文明・文化のちがいによって激烈に差別する意識を、とくに漢族士大夫のなかに助長した面も無視できない。

国家が主導する自由な経済活動によって、国家・社会がうるおい、それによって人間の活動・精神や行動の範囲、さらには生きてゆくかたちも、さまざまに多様化・活発化する。こうした状態は、近代以降の西欧における国家と社会、そして資本主義のありかたと酷似する。われわれの現在の姿とも共通する。クビライ帝国のシステムは、それらに先行するものとして、世界史上できわめて注目にあたいする。興味ぶかいのは、こうしたクビライ政権の経済政策には、たんに軍事や海運などとの連関だけでなく、意外なことに、それまでユーラシアの陸上・海上の経済活動からとりのこされてきた「周辺民」を撫育する一面が、はっきりとあったことである。経済による「教化」といってもいい。つまり、経済政策といっても、それだけにとどまらず、ひろい意味での帝国統治の戦略といえるものであった。

*オルトクとは「会社」

ムスリム商人たちは、「オルトク」とよばれる共同出資の組織をつくり、大きな資本力と協同の活動によって、ありとあらゆる経済行為をおこなった。「オルトク」とは、トルコ語で「仲間」「組合」を意味する。当時の国際語であるペルシア語では「オルターク」、漢字では「斡脱《あつだつ》」とかかれた。どちらも、「オルトク」の音をうつしたものである。

このオルトクは、ようするに、現在の会社である。ムスリム商人勢力は、大小さまざまなたくさんのオルトク、すなわち会社をつくり、活動していた。そのなかには、ムスリム商人とはほんらい別個の地盤をモンゴル領内にきずいていた各種のウイグル商人たちや、漢人商業勢力も、とりこまれていった。資本規模において、「オルトク商人」には、とうていかなわなかったのである。

大きな「オルトク」は、通商・運輸・金融から徴税・兵站・軍需まで、なんでもやれる企業体に成長していった。その意味では、「総合商社」にちかい。そのしたには中小の「オルトク」が属して系列グループを形成し、しばしば他の大型「オルトク」とも提携関係をむすんだ。しかも、その活動範囲は、ひとつの「文明圏」をこえて、モンゴル領の東西におよんだ。たとえば、フレグ・ウルスの付庸国といっていいアナトリアのルーム・セルジュクでも、オルトクは、さかんに活動している。その顔触れも、イラン系ムスリムを筆頭に、ウイグル、漢人、はてはヨーロッパ人さえもいることもあった。まさに、「多国籍企業」であった。

### 国家収入は商業利潤から

こうしたムスリム経済官僚を中心に推進された大元ウルスの財政運営と経済政策は、極端に重商主義であった。中央政府の収入の八〇パーセント以上が塩の専売による利潤であった。くわえて、一〇パーセントから一五パーセントにのぼる商税の収入があった。商行為に課税した収入である。塩の専売収入と商税収入とをあわせると、じつに九〇から九五パーセントとなってしまう。

まったくといっていいほど農業生産物にはたよっていない。そちらは、地方財政にふりあてられた。その土地でできたものからえられる税収は、その土地でその土地のために使ってしまう。これが、クビライ政権の基本スタンスであった。その地の行政関係者の経費はもとより、さまざまな営繕費や社会事業費、さらにはその地をとおる駅伝《ジャムチ》などの維持費も、ここからふりあてられた。これは一見すると、地方優遇にもみえる。

中央は、地方とはことなる財源をもっていた。それは通商と専売であった。地方をこえた財源であった。そのために、流通の要地には、中央財務庁の官員が中央官庁での肩書のまま出先機関をおいた。アフマドの七人のむすこなどは、まさにこれであった。経済活動のさかんな拠点都市や港湾、運河・陸運のターミナル、渡し場などは、中央直轄となった。点と点をつないだ経済支配であった。

クビライ政権がとった商業政策には、あるひとつの特徴があった。それは、通過税の撤廃である。それまでは、商人が要所要所をとおるたびに通過税がとられた。これでは、長距離をうごく大型の商業や商人は、育たない。

ところが、クビライとそのブレインたちは、中間の経由地における通過税をなくしたのである。そのみかえりとして、地方にはその土地からの税収のすべてを地方税としてあたえ、中央にあがってこなくてもよいことにした。

商品は、最終の売却地で「売りあげ税」をはらえばよいこととなった。これをモンゴル語で「タムガ」といった。「はんこ」のことである。納税のさい、受取り証明として、税務担当者から認めの押印をうけたからである。その税率は、なんと一率に三十分の一、およそ三パーセントときめられた。従来、主要な城市や交通上のポイントを通るたびごとに、いちいち取られていたときからすると、たいへんな低額であった。それが商税である。

通過税の完全撤廃は、歴史を画する英断であった。遠隔地商人は、これでずいぶん楽になった。しかも、水・陸・海の交通・運輸網は、モンゴル政権が公費により徹底して整備・維持・管理していた。

大商人たちにとって、時代はまったく一変した。中国方面でいえば、「商」を悪とするイデオロギーをすてきれないそれまでの国家権力から、政権側がみずからすすんで大商人を保護・育成する時代へと変わったのである。それは中国本土をこえて、「大元ウルス」全域から、さらにモンゴルのすべての領域にゆきおよんだ。

クビライとそのブレインたちのねらいは、遠隔地商業を優遇することで、それにつながる中小規模の流通・通商までも活性化させ、かつてない壮大な規模での物流の渦をまきおこそうとすることであった。その巨大な物流のひきがねになり、おもなにない手にもなるのが、アフマド以下のクビライの経済官僚と一体化していたイラン系ムスリムを主体とする「オルトク」商業組織であった。

クビライ政権は、数多くのオルトクを管轄する専門官庁をもうけ、そこでの許認可をうけたうえで、各オルトクは経済活動をおこなうこととした。モンゴルからいえば、オルトクを国家管理の許認可行政のなかにおいた。

しかし、この許認可こそは、オルトクにとって絶大な威力を伴うものであった。それはモンゴルの武力を盾にすることができたからである。そして、モンゴル公権力が維持する交通・運輸の便を優先して利用できるというなによりもの特権も、あわせもっていたからである。いわば、特許会社にちかかった。

こうして、モンゴル政権とむすびついたオルトクは、モンゴルの武力と交通網を使って、ユーラシアの各地へどんどんでかけていった。場合によっては、なかば強制して商売や貿易をおこなうこともあった。そして、結果として、モンゴルが敷設する交通・輸送機関をつうじて、最終段階では結局、大都に物資をおくりこむことにもなった。

クビライ政府は、その大都の積水潭の北岸一帯にひろがる官営バザールを管理して、そこで納税させる。もちろん、売却地、すなわち納税地は、杭州や泉州などの大都市や拠点都市でもかまわない。ともかく、そういう都市にも税務員はかならずいるようにしてあった。中央の尚書省の網のかかるところならどこでも、そこで納税すればよいのである。オルトクたちは、もともとその資金をモンゴル王家や諸王侯、貴族などから、出資のかたちで借り入れていた。そうしてあつめた資本をもとに、ありとあらゆる商業行為をいとなんだ。かれらは、その利潤の一部を、出資者であるこれらモンゴル貴顕たちに還元した。ところが、そのモンゴル王侯たちの資金といえば、そのおおくは、帝王クビライから賜与というかたちであたえられたものであった。

つまり、この「もの」と「かね」のふたつのサーキュレイションは、背中あわせの二重構造になっていた。還流のおおもとには、クビライがいた。クビライは納入させた税を賜与にふりあて、その賜与がオルトクの活動資金となる、という構造であった。

遊牧経済では到底えることのできない経済援助を賜与というかたちでおこなうことによって、クビライは、モンゴル帝室以下の分権勢力を自分の権威のもとにつなぎとめた。「クー・デタ政権」であり、「統一クリルタイ」によって正式な即位の手つづきをついに踏むことのなかったクビライは、「富」というもうひとつの武器によって、みずからのモンゴル大カアンたる地位を確実なものとした。経済力をバックに帝国経営をおこなったのである。

こうしたやりかたは、とうぜん点と点をつないだ支配にならざるをえなかった。クビライの新国家は、たとえばのちの清朝が、ちょっとした都市があれば、そこにいちいち「満城《まんじょう》」をはりつけたような地にへばりつくやりかたとくらべると、面の支配という点では弱体であった。しかし、逆に各地の拠点都市や要地と中央との関係は、ダイレクトであったし、緊密であった。

ようするに、クビライ帝国は、拠点支配と物流・通商のコントロールを最大の特徴とする。それによって、帝国の分有支配の原理と実態をのりこえてしまった。それらとはかかわりなく物資を集散し、それに課税して財源とすることができたのである。

## 銀はめぐる

では、モンゴル帝室・王族・貴族たちがもらったその賜与、オルトクが借りいれて経済活動のもととしたその資金とは、いったいなんだったか。

それは銀であった。『元史』「食貨志《しょくかし》」歳賜の条には、ユーラシア各地にちらばったモンゴル帝室、すなわちチンギスの四人の嫡子、ジョチ、チャガタイ、オゴデイ、トルイの子孫、チンギスの庶子コルゲンの子孫、三人の同腹の弟カサル、カチウン、オッチギンの子孫、異腹の弟ベルグテイの子孫などをはじめ、モンゴル高原の有力集団の子孫、そして譜代の重臣たちの子孫などにあたえた銀の額がしるされている。

一級の王統であるならば、無条件に一〇〇錠《じょう》。クビライは、それを毎年、正月に大都でおこなわれる朝賀の帝室儀式のさいに、それぞれの家系の現当主、もしくはその代理人に「定例《ていれい》賜与《しよ》」としてあたえた。総額は、一年でおよそ五〇〇〇錠。一錠は、約二キログラムであるから、銀一〇トンということになる。

のちの時代にくらべると、たいした額ではないように見える。しかし、新大陸発見以前の時代では、銀は少なかった。その時代での一〇トンは巨額である。

この儀式こそ、流れてしまった「統一クリルタイ」での「臣従のちかい」のかわりであった。この儀式と銀の賜与がつづいているかぎり、大カアンの権威は保証され、ユーラシア東西にわたるモンゴル大帝国は、ひとつのものとして、生きつづけていることになる。

しかも、これはあくまで「定例賜与」であった。これだけは毎年かならずもらえる額ということである。実際には、事情におうじて、さらにさまざまな臨時の賜与がなされた。その総額は、年によってまちまちだが、「定例賜与」の合計額をはるかに上回ることが多かった。それも、ほとんどは銀であたえられた。極端にいえば、部内や領内に天災・飢饉があったといいたててクビライに訴えれば、巨額の賜与がもらえた。

モンゴル諸王家・族長家は、莫大な銀の所有者となった。それをオルトクらに貸しだした。モンゴル王族・貴族たちは、銀による資本主となったのである。

西北ユーラシアのジョチ家も、イランのフレグ家も、中央アジア方面のチャガタイ、オゴデイ諸系統も、銀をほしがり、銀の賜与をよろこんだ。モンゴル草原にいるものも、雲南高原にいるものも、そうであった。銀は、どこでも通用するすべての価値基準であった。

もともと、ユーラシア世界において、通貨としての銀の使用には長い歴史があった。モンゴルが出現した十三世紀には、すでに銀はユーラシアのほぼ全域で対外通商の決済手段として国際通貨の役目をはたしていた。そして、モンゴルもまた、全領域において銀を共通の財貨とする徴税・財政体制をしいた。

巨大な版図のどこでもあてはまる共通の価値基準がないと、モンゴルはむしろこまってしまうのである。それには、銀しかなかった。金は、基本通貨とするには、あまりにも稀少すぎた。

銀はモンゴル帝国の基本通貨となった。この結果、銀使用の歴史にも、大きな変化がおとずれた。それは、モンゴルの全領域、すなわちユーラシアの大半の地域で、「銀だて」ですべての取引や生活がおこなわれるようになったことである。異国間や異人種間の「決済手段」にとどまらなくなったのである。

「銀だて」生活を普及させたもっとも大きな力は、徴税であった。万人にかかわる徴税が、モンゴルの全領域において、「銀だて」でおこなわれた。それまで銀というものをほとんどしらなかった農民・市民なども、知らないではすまされなくなった。好むと好まざるとにかかわらず、民衆レヴェルまで、「銀使用」もしくは「銀だて経済」が、いきおよぶこととなった。

もっともわかりやすい例は、中国本土である。中国は、ながいあいだ、「銀世界」の外にいた。

銀は、歳幣・賜与・贈答・貢納など、名目はちがっても、いずれも対外決済のさいにのみつかわれた。ソグド商人など、他文明の人々を相手とする交易にも使われたが、それも「対外決済」である。ただ、嶺南地方だけは、広州などの港湾都市に南海ルートをつうじて、かなりはやくからインド以西の貿易商人が来航していたので、「銀使用」の慣習が民衆レヴェルにも多少ひろまってはいたらしい。しかし、それ以外の中国本土では、銀の使用は、ある局限された場面にしか、みられなかった。

モンゴルの到来とともに、まず華北、ついで江南において、「銀使用」「銀だて経済」があたりまえのものとなった。これは、歴史上の単純な事実である。宋・金時代までとは、はっきりとした極端な段差がある。

ふつう、中国地域がすっかり完全に「銀世界」となりきるのは、新大陸の銀、いわゆるメキシコ銀が大量に流入した十六世紀、つまり明《みん》の中期以後といわれる。もちろん、これは、地球サイズの現象であり、とくに中国方面にかぎったことではない。たとえば、日本でも十六世紀から、顕著に銀使用が普及する。大量の銀の到来は、世界を変えたのである。

ただ、ここで肝心なことは、「銀使用」の下地は、すでにモンゴル時代に用意されていたことである。モンゴル時代に、「銀使用」「銀だて経済」の体験が民衆レヴェルにまでいきわたっていたから、大量のメキシコ銀がおしよせたときに、自然にうけいれることができたのである。これは単純なことであるが、単純すぎてこれまで気がつかなかったのかもしれない。

モンゴルとそれにかかわる人たちは、軍人・商人・旅人など、立場はさまざまだが、江西、湖南、四川、雲南、鬼国、広西、ティベトなどの山の奥、谷あい、山のひだにまでわけいっていった（じつによく、山奥まで出かけている。そうした人々の子孫が、いまも暮らす村や集落が、突然、おもいもかけないところから「発見」されたりする。たとえば、しばらく前、中国・ミャンマー国境ちかくのキタン族の集落など、一部に衝撃をもって伝えられた。こういう場合、たいていまわりとは異なる「変わった人たち」がいるということで、言語や民俗の関心から調査される。その結果、「衝撃の報告」となる。ただし、率直にいうと、文献史家にとっては、もともと十分に予想がついていることのほうが多い。もちろん、こうした事例のすべてが、モンゴル時代によるものばかりとはかぎらない。しかし、大半が、じつはそう考えざるをえないのも事実である）。

こうした人々のなかでも、とくに、オルトクたちは、そうであった。文献上、ヴェトナムにも、大型のオルトクがはやくから入りこんでいた明証がある。しかも、モンゴル軍団の進攻よりやや先立つ時期である。経済が、政治や軍事に先行している一例である。

そうした軍人や商人をつうじて、「銀使用」「銀だて経済」は、それまで「文明世界」からとりのこされてきたような人々、村々にまで、ともかくも到達した。その点でいえば、モンゴルはなんのイデオロギーや思想を伝えることもなかったが、「銀使用」という経済世界へと人々をいざなう「宣教部隊」であったといえるかもしれない。

クビライと大都を中心とする巨大な「人」と「もの」のサーキュレイションも、じつは銀のサーキュレイションであったといってもさしつかえない。こうした状況が、クビライの大元ウルスを中心に、程度の差こそあれ、モンゴルの全領域で展開したのである。クビライは、いわば銀をつうじてモンゴル帝国全土に影響力を行使した。

ひるがえって、中東・ヨーロッパは、すでにはやくから「銀世界」であった。インド方面は、金銀の併用が伝統であったが、やはりしだいに「銀使用」に傾斜していった。

ユーラシア世界において国際通貨の役目をはたしていた銀は、まずモンゴル帝国の出現、ついで銀を媒介とする巨大な経済のサーキュレイションを演出し誘導しようというクビライ新世界帝国の成立という二つの段階をへることによっていまや「世界通貨」への道をあゆみはじめていた。そして、「大航海時代」以後の厖大な新大陸の銀の到来によって、世界全体が一挙に銀を共通の価値とする「銀世界」となる。モンゴルはその条件をととのえた。「銀の時代」、すなわち「世界共通通貨の時代」への扉は、モンゴルとクビライのときに、そろそろとではあるが、たしかにあけられはじめていたのである。

クビライと大都を中心に、銀はめぐる。モンゴル帝国ばかりでなく、ユーラシア世界もまた、めぐる銀とともに、見えない手でゆっくりと、しかし確実に、むすびつけられていった。そして、それは世界がひとつの経済構造につつまれるはるかなる近現代という名の後世へむけて、巨大な歴史のあゆみが誰にも気づかれることなく静かにスタートをきっていたことを意味する。

## ユーラシアをつらぬく重量単位

銀がモンゴル世界に共通する「基本通貨」であったことをしめすよい例がある。クビライがモンゴル帝室以下の面々にあたえた「定例賜与」は、銀錠《ぎんじょう》であった。おもさ約二キログラムの銀塊である。かたちはさまざまあったが、東方ではたいてい背がまるく左右と内側がえぐれた独特のすがたをとった。のちには、馬蹄銀《ばていぎん》ともいわれた。

この銀のインゴットひとつが、一錠《いちじょう》。すなわち、銀の基本単位であった。中国方面では、銀には銭《せん》、両《りょう》、錠《じょう》の三段階があった。銭の十倍が両、両の五十倍が錠である。これを逆にいえば、一錠＝五〇両＝五〇〇〇銭となる。

錠、両、銭といっても、これらはあくまで、重量単位であった。かたちはどうでもいい。銀は、重さだけが問題であり、重さをはかってやりとりする秤量《しょうりょう》貨幣である。

銀錠が馬蹄銀のかたちのインゴットであるのは、じつは大元ウルスの統一スタイルにすぎない。ようは、五〇両分まとめた銀塊であれば、多額の賜与に便利だから、というだけなのである。いいかえれば、もうこれ以上の重量単位はないというだけである。

ところが、そこにこそ、鍵が秘められている。モンゴル全土で、この約二キログラムの独特の形状の銀塊こそが、銀の最大重量単位をあらわすものとして、共通のめやすとなった。当時の文献をいくつかつきあわせると、クビライがあたえたこの銀塊を、モンゴル語では「スケ」、すなわち「斧《おの》」といった。おなじように、ウイグル語では「ヤストゥク」、すなわち「枕《まくら》」といい、ペルシア語でも「バーリシュ」、すなわちやはり「枕」といった。「斧」や「枕」というのは、もちろん、この独特のインゴットのかたちを表現したものにほかならない。馬蹄銀というのとかわらない。ところが、ここで大事なことは、この「スケ」「ヤストゥク」「バーリシュ」ということばが、かたちをこえて、銀そのものの重さをしめす単位としても使われたことである。

つまり、一スケ、一ヤストゥク、一バーリシュとは、一錠というのとおなじなのである。たとえば、ペルシア語の史料で「一〇〇バーリシュの銀をあたえた」としるされていれば、この銀塊を一〇〇個、ないしはそれに相当する重量の銀をさずけたことになる。漢文史料ならば、「銀を賜うこと百錠」となるわけである。

ところで、この当時、銀について、それ以上の重さをあらわすことばはどうやら存在しないようである。枕とも、斧とも、馬蹄ともいえるような奇妙なかたちのこの銀塊は、モンゴル治下における銀の最大重量単位をあらわすものとして、ユーラシアの東西を旅したのである。

ウイグル語は、トルコ語のひとつであるから、中央アジアから西北ユーラシア全域で「ヤストゥク」といったのかもしれない。ただ、これは、いまのところ文献のなかに明証をそろえてみつけることができないでいる。かたや、ペルシア語は、当時の国際語である。イラン方面はもとより、文章語としては中央アジア、西北ユーラシア、北インドでもひろく使われた。おなじ「枕」を意味することばでもあり、すくなくとも、「バーリシュ」のほうがひろい範囲で通用したかもしれない。

「スケ」というのは、モンゴル支配層での呼び名であったのだろう。逆に、「銀錠」は、中国語と漢字を使う人々のいいかたであった。この四種の言語の使用可能範囲を地図におとせば、モンゴル帝国の全域をおおうことができる。つまり、このかたちの銀塊とそれがあらわす重量単位は、モンゴル全土で共通なのであった。

ひるがえって、銀の重量単位である銭、両、錠は、それぞれおよそ四グラム、四〇グラム、二キログラムとなる。当時のウイグル出土文献によれば、これとまったく連動してバクル、スティル（あるいはサティル）、ヤストゥクという重量単位が使われていたことがわかる。すくなくとも、漢語とウイグル語のふたつの世界については、言語のちがいをこえて、同一の重量体系が使われていたことになる。残念ながら、のこるペルシア語とモンゴル語については、漢語の銭と両にあたる重量単位のことばがあったかどうかは、いまのところさだかでない。

ただ、ここで注意すべきなのは、中国方面において、錠が五〇両を意味するようになったのは、モンゴルにほろぼされた金朝治下からのことであった。それ以前の中国には、いくつかの重さの銀の「のべ板」があって、それを「鋌《てい》」といった。それがのち「錠」という字に変わった。漢字の音は、どちらも「ディン」である。金代になるまでは、いろいろな銀錠があり、重さもかたちもさまざまだった。一錠＝五〇両とはかぎらなかったのである。

いっぽう、中央アジア、中東、ヨーロッパに、およそ二キログラムにあたる重量単位は存在しない。つまり、モンゴルが、一錠＝五〇両の銀錠を製造したのは、金代の遺制をふまえたものなのである。そして、「錠」と連動する「スケ」「ヤストゥク」「バーリシュ」も、モンゴル時代だからこそありえたことばなわけである。

当時の銀錠の実物は、中華人民共和国をはじめ、日本やその他の地域にも現在かなりの数がのこっている。ところが、いわゆる「枕」型、「斧」型の銀錠ばかりではなく、ひらたい「のべ板」状のものが日本に、そして「かまぼこ」型で、ずっと細長いものがロシアに、それぞれ伝わっている。いずれも、重さは約二キログラムである。

さらに、ロシアから一八五一年と一九一四年に発見された銀塊が報告されている。そのかたちは、もはや斧というよりも、もっと平たくたたきのばした感じで、各面のはしは直線にちかく、しかもずっと鋭く面とりされている。そして、あきらかにやや細くなった中央部で断ちわられている。重さは、いずれも約一キログラム。どちらの表面にも漢字がきざまれ、片方ははっきりと「銀伍拾両」と読める。つまり、もともとは約二キログラムの銀塊であったものである。

これらのうち、東京の日本銀行貨幣博物館に所蔵されるものを見ると、パクパ文字と漢字がきざみこまれ、「大元天暦弐年《だいげんてんれきにねん》」とある。大元国《ウルス》の天暦二年、すなわち一三二九年の刻入《こくにゅう》ということになる。クビライ時代よりだいぶのちのものである。

重ささえ、二キログラムであれば、もはやかたちはどうでもよかったのかもしれない。逆に、中央アジア以西で「枕」型の銀錠がみつかれば、それは大元ウルスからその方面の王侯がもらったことが確実な実物ということになる。

銀錠と連動するスケ、ヤストゥク、バーリシュといっても、しだいに本来それをさししめした形状とはかかわりなく、重さそのものをしめす単位となっていったのだろう。というのは、ペルシア語の史料には、しばしば「銅で〇〇バーリシュ」という表現もみえるからである。もちろん、厳密に考えれば、こうした用例の「バーリシュ」は、さらに別の解釈をすることもできる。たとえば、銀・銅などの素材のちがいにかかわりなく、純粋にすべての重量単位として使用されたことを意味するのかもしれない。それともやはり、銅を銀の重量で換算して示した数字、つまり「バーリシュ」は、あくまで銀だけに適用される重量単位であり、価値単位であったという可能性もありえる。いまのところ、どちらとも確言できない。ただし、すくなくともそこでは、もはや「枕状の銀塊」という意味だけにとどまってはいないことはたしかである。

ところで、あらためていうと、およそ四グラム、四〇グラム、二キログラムという三段階の重量単位は、モンゴル帝国の「基本通貨」となった銀の重量体系であった。このうち、四グラム弱というのは、ふるくはササン朝のコインをはじめ、多くの「銀貨」「銀銭」の重量がほぼこれであるから、ずいぶん以前からひろく使われていたものである。その十倍の四〇グラムも、そこからの連動でありえる重さである。最大重量単位である二キログラムこそ、モンゴルが世界にむけて文字どおりおくりだしたものであった。それに、むかしからの四グラム、四〇グラムの体系をつけくわえてセットにしたわけである。

いまもイタリアのフィレンツエにその原本がのこるペゴロッティの『商業指南』は、モンゴル時代の十四世紀、東方貿易の手引き書としてかかれた。そこには、「バーリシュ」ということばが東方で使われる価値基準として登場する。そして、とにかく東方では銀さえもってゆけば問題ない、とするされている。

ペゴロッティにかぎらず、イタリア貿易商人たちは、「バーリシュ」という単語とともに、「枕」型の銀塊そのものか、もしくはすくなくとも「バーリシュ」ということばがあらわす銀の独特の重量単位、すなわち価値単位を知っていたわけである。このことは、「マルコ・ポーロ」という名に仮託された単数か複数かの人物がそうであったように、当時のヨーロッパ人にとって、ペルシア語がモンゴル治下でもっとも使いやすい国際語であったことをしめすとともに、モンゴルの重量単位の体系がすくなくともイタリアまでにはゆきおよんでいたことをおしえてくれる。クビライ政権で採用された錠、両、銭というモンゴル帝国の銀の重量体系は、ユーラシアをつらぬいていたのである。

## 紙幣は万能だったか

しかし、じつは銀そのものは、足りなかった。必要な流通量にたいして、銀の絶対量が不足していた。それをおぎなうのが、塩引《えんいん》と紙幣であった。しかし、このふたつは、性格がちがった。

ふつう、クビライ政権というと、すぐに連想されるのは、紙幣である。宋代の会子《かいし》や交子《こうし》とよばれた一種の約束手形から、金代には明確に現在の紙幣のかたちをとったものが大量に発行されていた。クビライとそのブレインたちは、それをうけて、「クー・デタ即位」をしたばかりの中統元年《ちゅうとうがんねん》、すなわち西暦一二六〇年七月というごくはやい時期に、紙幣を発行した。

その紙幣は、正式には「中統元宝交鈔《ちゅうとうげんぽうこうしょう》」といい、略して「中統交鈔」もしくは「中統鈔」ともいう。十文、二十文、三十文、五十文、百文、二百文、三百文、五百文、一貫、二貫の十種類があった。

「貫」とは、「ひとつらぬき」の意味である。銅銭一〇〇〇枚を一本の「ひも」か「ぜにさし」にとおしたからである。ようするに、一〇〇〇文である。

それらの紙幣の額面は、銅銭の単位をもとにしていた。たとえば、十文は銅銭一〇枚にあたるという意味である。実際に、それぞれの紙面の中央やや上側には、名目価格をしるす漢字とそれに相当する銅銭の枚数をしめす絵がえがかれていた。

これまで、どうもこの「交鈔《こうしょう》」、もしくは「鈔《チャオ》」と総称される紙幣を大きく評価しすぎていたようにおもえてならない。

たしかに、大元ウルスという巨大国家において、しかも十三〜十四世紀という時点において、紙幣政策を全面展開するというのは、人類史上でも特筆にあたいすることではあるにちがいない。大元ウルス治下の主要都市には、交鈔の印刷・管理・運用にあたる官庁が設置され、しかも、この紙幣は「たてまえ」ではすくなくとも兌《だ》換《かん》紙幣であったから、紙幣発行のもととなる「鈔本《しょうほん》」という準備金も、「それなりに」用意された。

使用しすぎて汚れたり、ボロボロになって使えなくなった「昏鈔《こんしょう》」を新札ととりかえてくれる「交用庫《こうようこ》」や「倒鈔庫《とうしょうこ》」も、全国各地のいたるところにもうけられた。大都などには、いくつもの倒鈔庫がおかれた。この昏鈔のとりかえ手続きのさい、手数料をしっかりとったとか、わざとこの手数料をとりたいばかりに、大きなサイズで、しかもボロボロになりやすい紙を使ったとか、いろいろいわれる。しかし、多少の「運用上の妙」は当然のことであり、非難するにはあたらない。

ともかくも、これだけの壮大な規模と巨大なピラミッド式の関係部局の網を全土にくまなくめぐらしたのである。しかも、こうした組織・機構をはじめ、紙幣政策にかかわることはすべて、大都の総合経済官庁である尚書省の中央コントロールのもとにおかれたのだから、アフマドたち、クビライの経済官僚の能力は、目をみはるものがある。

東方では、こののち、こうした紙幣政策は放棄される。明朝の創始者の洪武帝は、モンゴルをまねて紙幣を発行した。しかし、たちまち失敗する。発行準備金も用意しなかったのだから、無茶である。ただ不思議なことに、これまで洪武帝の失敗についてはあまりいわれない。世界史上でも、大元ウルスに匹敵する紙幣政策を展開できるようになるのは、十九世紀以後のことである。大元ウルスの紙幣政策がもつ先見性、組織力、運営力、そして規模の壮大さについて、世界史上、どれだけその意義を強調しても、強調しすぎではないだろう。

ただ問題は、これまであまりにも、大元ウルスの紙幣を万能におもいすぎているのである。すべてがすべて、この「交鈔」という名の紙幣で用が足りたようにおもわれていることである。そのため、たとえば、元末に紙幣インフレをおこして、経済が混乱し、その結果、大元ウルスは「滅亡」したなどという壮大なストーリーが語られたりした。しかし、実はあとで述べるように、既述の「中統鈔」が元末まで一貫した基本紙幣で、これが銀とリンクした。一方、このの ち発行された「至元鈔」など、その時々の政権ごとに刷られた紙幣がすさまじく変動したのである。そうした二重の柔構造による見かけの上での「紙幣インフレ」こそ、大元ウルスの紙幣政策の本質なのである。

そもそも、「紙幣インフレ」によって経済と社会の全体が混乱するほど、残念ながら当時の社会はすすんでいない。産業と経済、生産と消費が、現代のように有機体となって完全にリンクしているわけではない。高度に産業化された生産社会・消費社会と、不用意に比較するのは危険である。「定説化」しているかに見えるこの「紙幣インフレ」による「元朝」倒壊説は、誤解といっていい。あまりにも、現代社会になぞらえすぎたイメージ論である。

こうしたクビライ政権の紙幣政策についてのイメージは、「マルコ・ポーロ」も、そのひとつの原因だろう。「大カアンは紙で通貨をつくり、莫大な財産をきずいている」という有名なことばは、いたるところに引用されて世界中で知られている。クビライは「錬金術師」のようだ、というのは、たしかにわかりやすい。このことばは、ウソではない。しかし、事実の一部しかいっていない。

紙幣は、小額通貨であった。大元ウルスは銅銭をほとんど発行しなかった。クビライよりのちに、わずかに発行した場合も、いわば一種の「記念コイン」にちかく、発行高も微々たるものであった。クビライとそのブレインたちは、中国伝統の「銅銭主義」を事実上、放棄したのである。

それにかわるものが、「交鈔」、つまり紙幣であった。だから、「交鈔」にはその額面に相当する銅銭の絵がえがかれていたのである（とはいっても、通行するさいには、「交鈔」も重く銀の単位である「両」や「銭」で換算されたから、やはり、銀とリンクしてはいた）。

て鋳造にも金《かね》がかかる銅銭のかわりに、軽くて携帯に便利で印刷費も安あがりな紙幣にしたのである。

「交鈔」は、最高額面でも二貫文にすぎない。大口の取引には、むいていない。いわば小口の日常生活用のものである。しかも、いつ、どこでも通用したとするのは、疑問である。

銅銭は実質価値があったが、交鈔は、しょせん紙である。国家権力の強制力や信用があるから通用する。たとえば、金朝末期、軍事費の不足に悩んだ開封の金国政府は、厖大な紙幣を濫発したが、ほろびゆく政権の紙幣など誰も信用せず、文字どおりの紙きれとなった。

また、都市をいったんはなれて、広大な農村部や山間部、さらに僻陬《へきすう》の地にいたれば、紙幣などを使う人は、ほとんどいなかっただろう。それは、銅銭でもおなじことである。現実の在地生活は、物々交換というか、小麦や米などの「代替貨幣」が、いぜんとして中心となっていた。

かえって、銀のほうが、地金《じがね》でもあり絶対価値でやりとりできるだけに、大口の取引をする地主や顔役などに利用されることが、まだあったかもしれない。権力がそれなりにいきおよび、人とものが交錯する都市部をのぞくと、前近代の世界では、交通の要衝とか、特別な大都市の近郊とかを別にすれば、しょせん、その程度なのである。

ようするに、紙幣が通用していたのは、中央と地方の政府機関や軍事拠点があるところ、いいかえれば、政治・軍事上、政権の力がたしかにいきおよんだ安定した場所である。とりわけ、納税・俸給・軍事調達・賜与褒賞《ほうしょう》など、ともかくも政府がかかわる縦の流れのなかで紙幣が意味あるものとして使用される場合は文句なく通用したことだろう。

大都はもとより、杭州・開封・京兆・揚州・泉州・広州などをはじめとする拠点都市や官営バザールでは、よく通用した。すくなくとも、中国本土については、大元ウルスの行政・司法上の参考書といってもいい『元典章《げんてんしょう》』に、紙幣関係機関がおかれたところとして一覧表があがる諸都市では使えたとみていい。また、トゥルファン盆地のウイグル王家の冬都カラ・ホジョや天山を北にこえた夏都ビシュ・バリク、あるいはエチナ河にのぞむ西夏以来のカラ・ホトなど、たとえ「辺境」であっても、遠距離交易の中心地や軍事駐屯地などでは、かえってよく通用したことだろう。一種の「基地経済」である。こういう土地で交鈔が出土するのは、そのためである。こうした「辺境」でも、使われたのではなくて、こうしたところだから使われたのである。

当時の世界情勢から見れば、紙でものを買えたり、銀と兌換《だかん》できるというだけで、おどろくべきことであった。ただし、流通する地域や場面が限られたことや、小額紙幣であることを考えると、これまであまりに紙幣を万能視しすぎてきたといわざるをえない。では、大元ウルスで流通していた「高額紙幣」とは、いったいなんであったのだろうか。

## 「高額紙幣」は塩引

事実上で「高額紙幣」の役目をはたしていたのは、国家の専売となっていた塩の引換え券である「塩引《えんいん》」であった。

中国では、漢代以来の専売制の結果、塩は高価な商品であった。そのため、すこしでも安価な塩があれば、とぶように売れ、いつの時代でも闇《やみ》の塩商人たちがはびこった。専売制で塩の値をつりあげすぎた当然の結果であった。その塩の公式な引換え証である塩引は、塩という現実のバックをもつある種の有価証券であった。その額面はずいぶんと高額であったから、実質上は高額の紙幣とおなじ役目をはたすことになった。

塩引という制度は、以前から中国にあった。アフマド以下の財務官僚たちはそれに工夫をくわえ、塩引をおもに銀で購入させるようにした。クビライ政府にとっては、塩引は銀とリンクした「紙幣」であった。不足がちな銀の代替品であった。

もうひとつの中央政府の収入源の商税《タムガ》も、銀納を基本とした。クビライ帝国の中央政府財政は、塩の取引をふくめた商業行為全般からあがる銀を柱としていたのである。

中華人民共和国、内蒙古自治区の首都フフ・ホトにある内蒙古考古研究所には、西夏時代以来の都市遺跡として名高いカラ・ホトから出土した塩引の原物が所蔵されている。大元ウルス時代のものとしては、知られているかぎり、ゆいいつ現存するものである。すこぶる貴重といっていい。

塩引は、大都にある尚書省か、大地域ごとにおかれたその出先機関でしか、発行されない。商人たちは、そこへ出かけていって、塩引を買った。カラ・ホトから出土した塩引には、「中統鈔」の額面で「伍拾定（五十錠）」と墨書《ぼくしょ》されている。発行年月は至治《しち》元年四月、すなわち西暦一三二一年。クビライの四代の孫、英宗シディバラの時代である。日付のところは、空白のまま記入されていない。

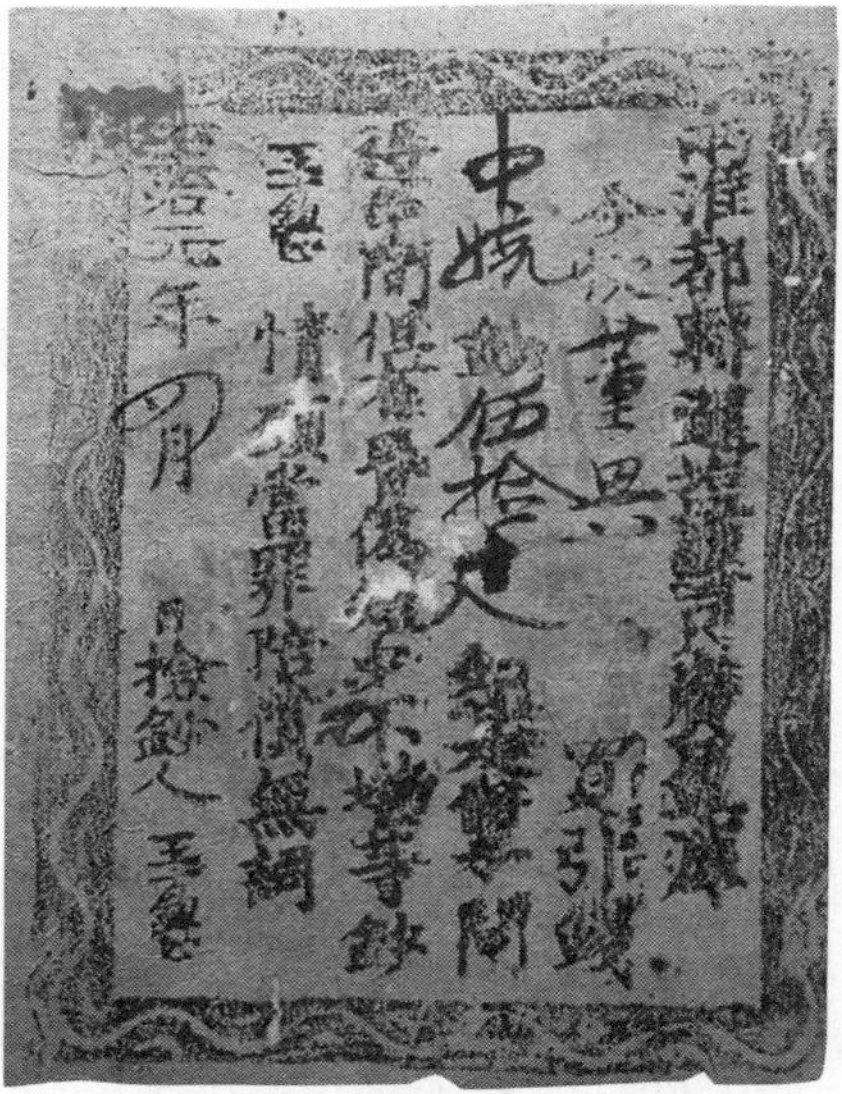

カラ・ホトより発見された塩引　NHK取材班編『大モンゴル　3』（角川書店，1992年）より

それを見ると、塩引の購入値段のことを、正式には「買引銭《ばいいんせん》」といっていたことがわかる。また、年月のうち、「至治元年」と「〇月〇日」は印刷されているから、どうやら塩引の「原紙」は一年ごとに印刷されていた。当該官庁は、必要におうじて、それに額面や発行月日、取り扱い責任者とチェック役の名まえを墨

で記入して使用したらしいことがわかる。そのうえ、全面にわたって、朱印が押されている。それではじめて、有効になったのである。

　中統鈔で五〇錠というと、交鈔の最高額面の二貫からすると、二五〇〇倍である。交鈔とは比較にならない高額である。では、銀に換算するとはたしてどれくらいになるのか。それが、じつは、むつかしい。

　交鈔と銀の公式レートは、当初、交鈔二貫＝銀一両であった。しかし、これは政府の「希望レート」である。実際にはかなりはやくから十分の一から二十五分の一であった。その後も、実質価格はどんどん下落した。

　そのため、すでにクビライ時代から「至元通行宝鈔《しげんつうこうほうしょう》」、略して、「至元宝鈔」もしくは「至元鈔」という新紙幣を発行して、中統鈔を基準に五分の一の価値とした。さらに、クビライ長逝後も、新手《あらて》の交鈔を発行した。そのときでも、中統鈔が基準となった。しかも、中統鈔は、わずかずつではあったが、かならず印刷・発行しつづけた。

　ようするに、交鈔は、いわば「基幹紙幣」である中統鈔と、その時おりおりに発行する各種の「臨時紙幣」との二重構造になっていた。そして、すでに述べたように、銀と直接にリンクするのは、中統鈔である。ちょうど、しばらく前の中華人民共和国において、ドルや日本円とリンクするのが「外匯兌《がいわいだ》換券《かんけん》」、いわゆる「外貨《がいか》券《けん》」もしくは「外匯《ワイホイ》」であるのにたいして、一般生活で使われるのが「人民幣《レンミンビー》」であったのと、よく似ている。

さきにのべた「紙幣インフレ説」は、この「臨時紙幣」が暴落したことをいう。大元ウルスの財務当局は、それでもかまわなかった。銀および銀とリンクする中統鈔がゆらがなければ、それでいいのである。

元代中期の発行であるこの塩引の実物において、中統鈔換算で額面がしるされているのは、このことを裏付ける。あえて、むつかしい当時の実質レートを諸史料からわりだしてみると、この塩引の額面である中統鈔五〇錠は、銀一・五キロ分くらいに相当する。銀錠では、一個あまりである。やはり、かなりな高額である。

この塩引には、もっとおどろくべきことが秘められている。そもそも、塩引には、それをもってゆけば塩にかえることのできる製塩地とその塩を販売できる「行塩地《こうえんち》」とが指定されている。この実物の塩引の場合では、「両淮《りょうわい》」、すなわち淮水《わいすい》と長江の間の地域の「淮東《わいとう》」と「淮西《わいせい》」である。つまり、華中の沿岸部にある製塩地で塩をうけとり、華中地方に売りさばくことが指定されている塩引なのである。

それが、はるかとおくはなれた甘粛とモンゴリアのさかい、沙漠のなかの人工の軍事都市カラ・ホトで出土した。製塩地・行塩地とはかかわりなく、塩引自体は、どこでも「売りさばく」ことができたまぎれもない証拠である。

もし塩にかえたいのなら、かえにいけばいい。しかし、いかなくてもかまわない。塩にかえられることを前提に、この塩引はやりとりされて、沙漠のなかの軍事都市カラ・ホトまできてしまった。

なお、コズロフ隊の調査で有名になったカラ・ホト遺跡は、じつはふつうおもわれているように、西夏時代のものというよりも、モンゴル時代末期のすがたをそのままとどめた「タイム・カプセル」である。この塩引にかぎらず、モンゴル時代の貴重な文献・遺物・遺跡にみちている。そして、この塩引もまた、まさにモンゴル時代の「生きた証人」なのである。銀二・五キログラムもの大金が、紙切れ一枚におさめられている塩引。いつでも高価な国家の専売品である塩にかえられる塩引。――それは、現実には銀に直結する「高額紙幣」としての機能をはたした。

商人たちは、紙切れ一枚で高い価値をもつ塩引をこぞって買いもとめ、さかんに利用した。塩引の売却による収入は、中央政府財政の八〇パーセント以上にのぼったのである。国家による専売と紙幣政策。そして、すでにのべた銀と物流、遠距離交易と経済社会の活性化の促進。これらすべてが組みあわさった見事なやりかたであった。クビライの新国家は、まさに通商帝国というにふさわしいものであった。

＊宋銭が誤解をまねく

中華王朝においては、あくまでも基本は銅銭であり、そのたてまえにこだわりつづけた。クビライとそのブレインたちは、このこだわりをあっさり捨てた。通貨の素材も、銅だけにこだわらなかった。ひろくモンゴル全域をみれば、ジョチ・ウルスやフレグ・ウルスでは金貨も発行した。クビライ政権も少額ではあったが、帝室への「定例賜与」のさい、金も下賜《かし》した。銀を「基本通貨」としたが、金でも紙でも利用できるものは利用して、広汎な通貨需要にこたえようとつとめた。それまでとは、政権と国家の体質がまるでちがっていたといわざるをえない。

ただし、クビライとそのブレインたちは、「銅銭主義」をとらなかっただけで、現実に存在する銅銭については否定したわけではなかった。だから、大元ウルスでは、銀を基本に、それとリンクする塩引と紙幣、まれに金、そして宋金時代までの銅銭も使えたわけである。

ところが、ここでおもしろいことがおきた。南宋接収の結果、あらたな版図となった江南は、「銅銭主義」の世界であった。南宋時代の銅銭をみとめるかどうかをめぐって、クビライ政権の中央財務庁である尚書省や江南占領軍の出先などの間で、多少の論争があったらしい。銅銭をみとめず、交鈔に全面きりかえるべきであるという強硬意見もあったらしい。しかし、銅銭至上の世界から、銀と紙幣の世界へ突然うつるのは重大な混乱をまねくという常識論がとおって、銅銭もそのまま使ってかまわないことになった。無用の混乱をひきおこして、せっかく手に入れた江南があやうくなっては元も子もないという、クビライ国家にとってはなによりもの原則論が優先したのである。

ただし、納税のさいは、銀と紙幣となった。たてまえと実際、官用と民間の並存・折衷案であった。江南において、民間での売買や経済生活では、いままでどおり、銅銭でもかまわなかった。

これは、意外に大きな波紋をひきおこした。政府や官用にかかわる事業や商売をしているものは、南宋時代までのように、せっせと銅銭をためこむ必要はなくなった。銅銭というものは、大量になると、扱いが厄介になるものである。とたんに、大量の銅銭が市場になげだされる状況となった。南宋時代のように、銅不足、銅銭不足に苦しむというのがウソのようになった。銅銭が不要になったわけではないけれど、銅銭がダブつく状況が出現した。ところが、ここに、銅銭がほしくてしかたがない人々がいた。日本の貿易商人たちである。

北宋・南宋をつうじて、しばしば日本船がやってきて、大量の銅銭を買いいれたため、銅銭不足がますますひどくなるとして、禁令がだされたりしていた。しかし、もはや政権は、銅銭にこだわらない。時代は、自由経済となった。ここに、江南社会にとって、銅銭は、もっとも有利で自由な輸出商品となった。

二度の蒙古襲来のためか、日元関係は冷《ひ》えていたと錯覚されがちである。しかし、事実は、まったく反対である。二度の日本遠征のあいだでも、日本の貿易船団はしきりに江南をおとずれていた。まして、その後は、大交流の波がおきた。

日中交流史上、近現代をのぞくと、じつはもっともさかんであったのは、モンゴル時代である。いちどきに、数十人、数百人の留学生、留学僧が大陸にわたったことも、しばしばあった。大陸からも、一級の文化人、工芸家などが、しきりに日本にやってきて、ときには永住さえした。貿易も、正式の国交はなかったとはいえ、大変さかんであった。

江南から日本へむけた最大の輸出品は、銅銭であった。それは、もとより元銭ではなく、宋銭であった。一九七六年、韓国木浦《モクポ》の新安《しんあん》沖から見つかったモンゴル時代の貿易船は、船中から見つかった多くの木札・木簡の記事から、京都の東福寺と博多あての積荷をつんでいたこと、一三二三年に寧波《ニンポー》をでて、おそらく日本の博多をめざしていたこと、そのふたつが考えられている。積荷には青磁などのほか、大量の宋銭があった。とうぜんのことである。

宋銭は、宋代に鋳造されたという以上のことを語らない。いつ運ばれたかは別問題である。ここに、大きなおとしあながある。

ところがなぜか、宋銭があると、日宋貿易の結果だと短絡したがる。日宋貿易も、たしかにさかんであった。しかし、おそらくは、それを上回る規模で日元貿易のほうがさかんであった。そして、ことに銅銭となると、国家の禁令が出されることもあった南宋時代までと、銅銭へのこだわりがなく、逆に自由経済が国家によって奨励されたモンゴル時代とでは、環境がまったくことなった。

ただし、新安沖のように運搬の年月いりで出現するケースは稀である。ほかになにも移動の時代を証明するものがなく、ただそのままで出土したり、あるいは露店にならぶ宋銭たちは、自分がいつ日本列島にやってきたのか、語ってはくれないのである。

宋銭が、誤解をまねく。しかし、その誤解は人間の短絡のためである。

## ユーラシア世界通商圏

クビライ政権は、当時の世界で最大の経済力と産業力をもつ中国本土をとりこんで、地域と「文明圏」の枠をこえた大型の通商を奨励する自由経済政策をとった。誰がどこで商売をやってもいい。人種も民族も、関係ない。わずか三・三パーセントの商税・関税を支払えば、すべてフリー・パスであった。

ただ、クビライ在世中は、中央アジア方面における帝室一族の反抗があって、政治上では、クビライ自身はかならずしも十分な「みのり」を目にすることはできなかった。しかし、クビライとそのブレインたちが構想した成果は、クビライが長逝した十三世紀のすえころから目に見えてはっきりとあらわれてきた。そして、十四世紀に入るころには名実ともに、ユーラシアの東西にわたって人とものの大交流が出現することとなった。

この時期のユーラシア大交流を身をもってしめしてくれる多くの人々がいる。陸路をとおる人もいた。海路を使ってやってきたり、でかけていった人もいた。

文献のうえで、陸路を往復したことをもっともよく語ってくれるのは、フレグ・ウルスの使節団である。それは、なによりもペルシア語をはじめとするモンゴル政権による歴史書がのこっているからである。

かれらは、数百人単位で旅行団をつくり、モンゴル東西に敷設されたジャムチ・ルートを利用して、悠然とやってきた。「ダナ」とよばれる大真珠や名産の「ダマスクスの剣」、優秀な「アラブ馬」、中東のすぐれた織金《しょくきん》、香料をふくむさまざまな薬材など。これらの莫大な上納品とおくりものをたずさえてやってきた。そして宝石の一種であり、最高級の「染付《そめつけ》」磁器の絵付《えつけ》にもつかわれるラピスラズリ、もしくはその代用品のコバルト顔料なども、そうだったかもしれない。

かれら使節団が通過するとなると、その進路にあたる駅伝路では、ひごろにもまして、大量の馬や駱駝《らくだ》が用意された。前もってその通過が通知されると、モンゴルの駅伝担当官は、必死でこの大旅行団をむかえた。次の宿駅にまでおくりだす間の接待費は莫大であった。そのため、しばしば政府から臨時支出がなされた。

こうした使節団は、大都にある特別の賓館に逗留《とうりゅう》した。これは漢文史料にしるされている。あまりの接待と安楽さに、帰還しようとしない使節団が続出した。それぞれが数百人単位で長期滞在するのだから、大変である。なかには、おなじ王家から別々に派遣された使節団がはちあわせすることも稀ではなかったらしい。

もちろん、こうした例は、とびきりの場合である。しかし、フレグ・ウルスに匹敵するような大勢力ばかりでなく、その組織下に属する王侯・地方君主・在地権力者なども、しばしば個別に使節団を派遣したようであるから、その数も量も、想像にあまりある。

『元史』では、ただ「遣使朝貢《けんしちょうこう》」とかかれているだけの場合でも、たとえばほぼ三年に一回の割合で遣使したヴォルガ河畔のジョチ・ウルス当主家の場合など、それがやってきた地域や旅程、その君侯の家格などを考えると、尋常ならざる事態を想定せざるをえない。それぞれが、フレグ家の使節団のような「みやげもの」をたずさえていたとなると、これはもう、政治と通商と、はたしてどちらがおもな目的であったかは、わからない。それぞれの政権ぐるみ、地域ぐるみで通商使節団をおくっていたと考えれば、よいのかもしれない。

陸路に関して、民間レヴェルでの証言は、すでにあげたペゴロッティが、もっともわかりやすい。かれのいうところによれば、イタリアから黒海まで船でゆき、クリミア半島をへてタナで上陸すれば、あとはもう東方までモンゴルの世界である。ヨーロッパのように、おいはぎや強盗にあうこともなく、公権力が整備する公道を安全かつ快適に馬車で旅することができるという。そこにのべられる状況は、率直にいって、あまりに仕合せすぎて、そのとおりにうけとっていいのか、たじろぐほどである。後述する「モンゴル・システム」は、旅の便と安全について、公私の別なく、ひろく提供されていた。

いっぽう、海路については、さまざまな人々の報告や体験がつたえられている。汪大淵《おうだいえん》の『島夷誌略《とういしりやく》』は、東から西に航海してもどった人々の貴重な記録である。やはり、基本は通商である。モンゴル時代になって、南宋までよりさらに政府直轄の特別な高級窯業専門の産業都市の性格を深めた景徳鎮《けいとくちん》では、中国地域の特産である磁器の最高級品がつくられ、山ごえして泉州や福州の港から船積みされていた。『島夷誌略』をよむと、中国青磁や白磁、とりわけ日本でいう「染付」、中国でいう「青花《チンホワ》」は、東から西へおもむく商船隊にとって最高の貿易商品であったことがよくわかる。単色で硬質な宝玉をおもわせる中国磁器の技術のうえに、ペルシア陶器における絵付《えつけ》の習慣とモンゴル・イスラームに共通するコバルト・ブルーの愛好という三つの要素がかさなって出現した染付は、モンゴル時代ならではの東西交流の精華であり、インドからイスラーム世界にかけて、やや異常な熱気をもって歓迎された。

なにかといわくの多い「マルコ・ポーロ」も、海路に関しては、東から西へむかった人である。モンゴルの貴妃を大元ウルスのもとよりフレグ家におくりとどける使節団の船団に便乗したポーロ一家のすがたは、『百万の書』だけに見える。かたや、この使節団についてはペルシア語の史書『ヴァッサーフ史』にくわしい記述がのこる。

フレグ・ウルスの官吏であったシハーブ・ウッディーンが書きのこした『ヴァッサーフ史』は、まちがいなく事実を伝えている。そこにはポーロ一家は、それとして見えない。しかし、かれら一家いがいのことについては、正使と副使の名もふくめて、この史書と「マルコ・ポーロ」の自主申告とは、じつによく一致する。

『百万の書』にその情報を与えた人物が、この船団に乗りくんでいたことは疑いない。その体験が、おそらくは「マルコ・ポーロ」という名で語られた。そして、この両書の否定しようもない一致によって、インド洋上の東西ルートは、どんなに遅くとも、一二八〇年代のすえから一二九〇年ころには完全にモンゴルの手のなかにあったことが証明される。

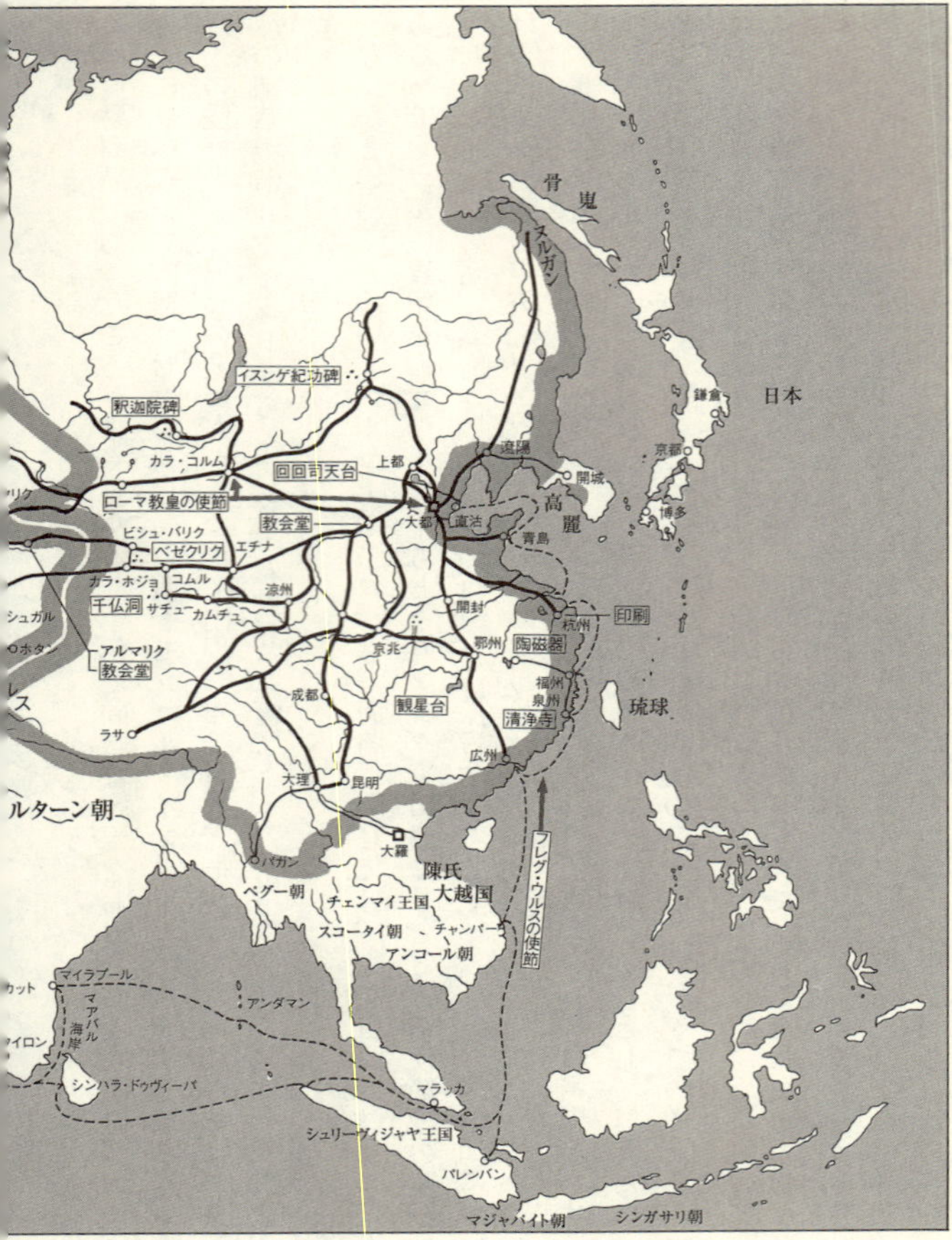
骨 嵬
ヌルガン
日本
鎌倉
京都
博多
開城
高 麗
遼陽
上都
大都
直沽
青島
イスンゲ紀功碑
釈迦院碑
カラ・コルム
回回司天台
ローマ教皇の使節
教会堂
ビシュ・バリク
ベゼクリク
エチナ
カラ・ホジョ
コムル
千仏洞
サチュ
カムチュ
涼州
開封
京兆
鄂州
陶磁器
杭州
印刷
福州
泉州
清浄寺
琉球
観星台
成都
ラサ
アルマリク
教会堂
シュガル
ホタン
広州
大理
昆明
ルターン朝
パガン
大羅
陳氏
大越国
ペグー朝
チェンマイ王国
スコータイ朝
チャンパー
アンコール朝
フレグ・ウルスの使節
マイラプール
マアバル海岸
アンダマン
シンハラ・ドゥヴィーパ
マラッカ
シュリーヴィジャヤ王国
パレンバン
マジャパイト朝
シンガサリ朝

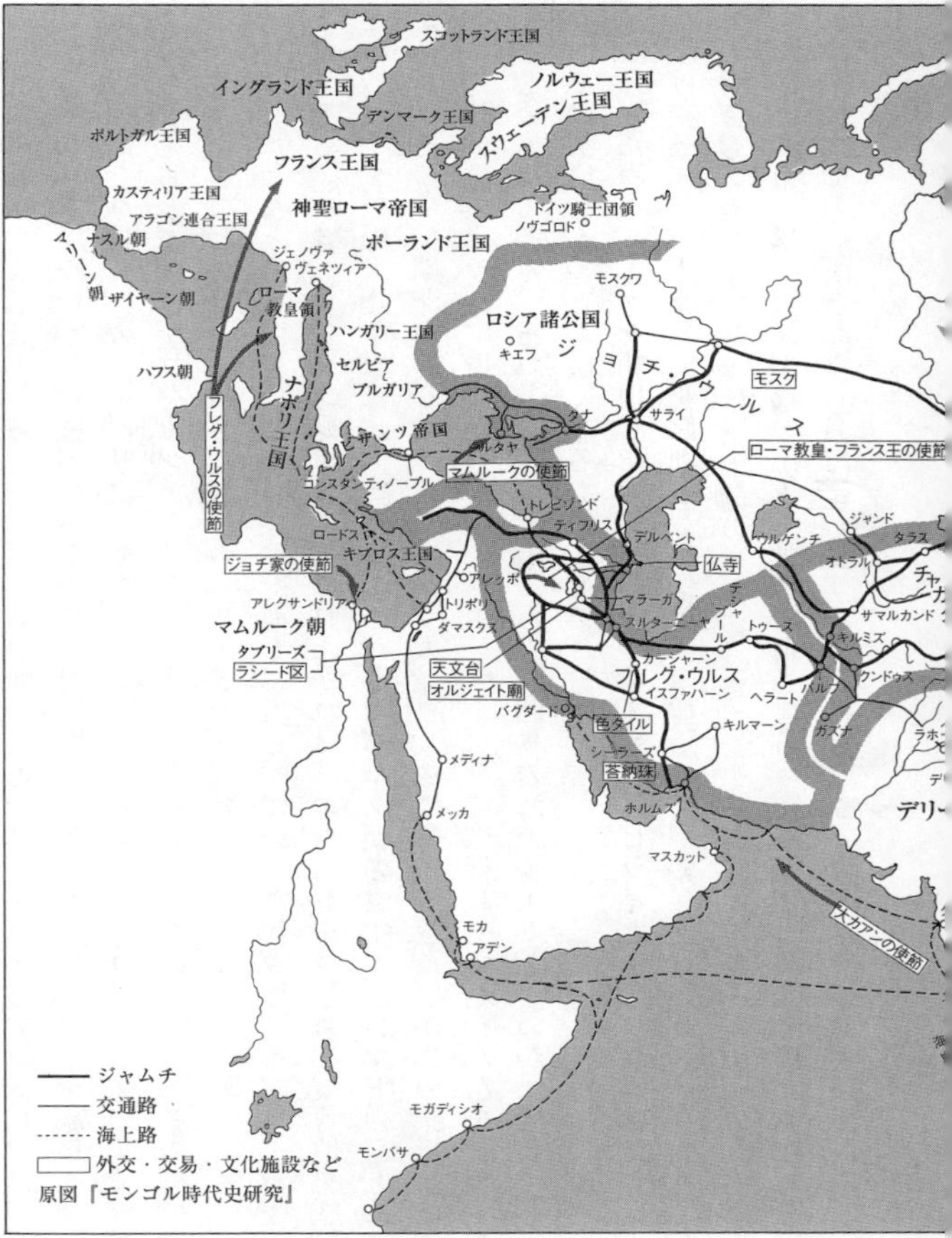


モンゴル時代後半のユーラシア

泉州に墓石がのこるとされるフランチェスコ派の修道士ペルージアのアンドレアは、西から東、すなわちイランから中国方面へやってきた人間である。かれは、ローマ教皇クレメンス五世の命をうけて、カン・バリク、すなわち大都にいるモンテ・コルヴィノのジョヴァンニのもとをおとずれ、かれをカン・バリク大司教に任命する使命をはたした。その後は、ザイトゥン、すなわち泉州におもむき、のちザイトゥン司教となって没した。

しかし、なんといっても、西から東に航海してもどっていった代表は、イブン・バットゥータである。モロッコのタンジールに生まれたかれは、エジプトをはじめ中東各地を旅行したのち、インド亜大陸をほぼ政治統一していたトゥグルク朝の君主ムハンマドのもとに身をよせた。そこで長期滞在をしたのち、海路、大元ウルスにやってきた。かれの旅行記は、モンゴル時代のユーラシア世界が、いかに自由・オープンで旅行しやすかったかを証明するまたとない書物である。それと同時にこのころの南回りの海上ルートが、いかに活発であったか、その実態をもっともよく語るものでもある。

こうした海上ルートを利用した海外通商についても、クビライとそのブレインたちは、売り上げ税三・三パーセントを原則とした（船商の種類によって、五パーセントや七パーセントの場合もあったが、基本は三十分の一であった）。泉州をはじめとする中国東南沿岸のおもな港湾都市には、貿易事務・出入港管理を担当する「市舶司《しはくし》」という官庁がおかれた。これは宋代までの役所とおなじ名で、一見すると、おなじようなシステムに見える。しかし、クビライ帝国の場合は、南宋以上に、政権がすすんで奨励・推進・統御するための組織であった。建前では「蕃商」たちがやってくるので、やむなく管理するといいながら、その輸入税による収入に期待するという矛盾した姿勢ではなかった。大元ウルスでは、航海ルート上の碇泊港と行き先の交易地にまで駐在員がおり、出港・寄港・交易・帰港が一貫して管理されていた。さらには、政府機関が泉州など造船業の中心地でみずから貿易船を建造したうえ、資本金つきで海洋商人に貸しつけて、貿易を促進させようとした。貿易船と出資金のレンタル料は、貿易利潤の七割であったという。

大元ウルスは、宋代までのように港湾における出入を管理するだけではなく、海上ルートとそこでの通商行為をまるごと把握しようとした。それが可能だったのは、クビライ政権が海洋通商の中心となるムスリム商人勢力そのものとリンクし、とりこんでいたからである。

それは、陸上のシステムとおなじ、点と点をつなぐ拠点支配であった。しかし、大元ウルス領域内の主要な港湾や東南アジア沿岸に点在する要衝の碇泊港・港湾都市は、大元ウルスの中央官庁および「行省」という名のその出先機関と、直接にむすびつけられていた。

政権ごと貿易振興をはかる大元ウルスの力がくわわったことで、はっきりとシステム化しだした海上の東西貿易にとって、インド沿岸部は、中継地の役目をはたした。ところが、十三世紀の末から十四世紀、内陸部の北インド平原では、中央アジアから南下・侵攻をくりかえすチャガタイ・ウルス軍をトゥグルク朝などの一連のデリー・スルターン諸政権が迎撃するパターンがつづいている。にもかかわらず、イブン・バットゥータが海路インドから中国方面へおもむいたのは、トゥグルク朝の君主ムハンマドの使節としてであった。ひろくモンゴルとインドの関係を眺めると、内陸と沿岸では別の対応がつづいている。北インドは歴史上、むしろ中央アジア・内陸アジアとのかかわりがふかく、その延長線上で考えたほうがよいことが多い。多元世界インドと大元ウルスとの関係は、今後の解明が必要である。

西アジア・中東では、フレグ・ウルスだけでなく、エジプトのマムルーク朝もこの通商連鎖のなかに入ってきた。はじめは、民間ベースであった。しかし、のちフレグ・ウルスのイスラーム化によって政治対立の壁も消えてからは、マムルーク朝はよりいっそう活発に「東方交易」にくわわった。そのにない手は、カーリミー商人であった。かれらは、インド洋をへてやってくる東方の品々を買いとって中東諸地域に売りはらい、さらにヨーロッパ諸国にも売却した。

西欧も、大元ウルスを中心とするこのユーラシア通商圏のなかに、みずからすすんで入ってきた。ヴェネツィア、ジェノヴァ、フィレンツェなどの海洋通商を立国の基本とするイタリア都市国家は、もともとすでに東方、とりわけモンゴルとの接触・通商の歴史をもっていた。モンゴルが、かつての「恐怖の時代」から、大元ウルスを中心に、ゆるやかな国家連合による「融和の時代」へと明確に変わったとき、地中海方面のイタリア諸都市ばかりでなく、アルプス以北の他の西欧諸権力もふくめて、政治上でも東方への壁が急速に消えた。

「十字軍」という名の「対決の時代」は、すぎさった。

ヴェネツィアの公文書館には、フレグ・ウルスとの間でかわされた通商議定書がのこされている。それには、たいへん興味ぶかい内容が盛りこまれている。関税は、一率に、はるかなる大元ウルス治下の東方とおなじ三パーセント。従来からみれば、きわめて低額であった。さらに、いろいろとこまかい条項がしるされる。おどろくべきことには、商品を輸送しているさいちゅうに、もし危害や災難にあったならば、モンゴル側がそれを補償するという一節まであることである。

フレグ・ウルスの君主のもとには、イタリア商人たちが出入し、そのまま臣下となるものもいた。たとえば、一三〇二年、第七代の君主ガザンは教皇ボニファキウス八世に使節と書簡をおくった。その使節は、ジェノヴァ人のブスカレーロ・ギゾルフィであった。また、ピサのイゾルという人物は、ガザンの弟で、のちその後継者となった第八代フレグ・ウルス君主オルジェイトゥが当初キリスト教徒となったとき、ローマ教皇ニコラウス四世の名をとって洗礼名ニコラウスとする名づけ親となった。

なかでも、きわめておどろくべきことは、つぎの事実である。のちにフレグ・ウルスの新首都スルターニーヤ（なお、この町は大都をまねてつくった可能性がある）の大司教となったウィリアム・アダムは、一三一五年から一七年のあいだのいつか、フレグ・ウルスとヨーロッパとの同盟をめぐって、やや信じがたいひとつの提案をおこなった。イギリスのモンゴル帝国史研究者D・モーガン氏が指摘するところによれば、それはなんとインド洋に小艦隊をうかべ、しかもそれをジェノヴァ人に運航させてマムルーク朝と東方とのあいだの活発な通商の生命線をたちきるというものであった。

これは計画だけにおわった。というのは、まもなくフレグ・ウルスはマムルークと講和したからである。それにしても、エジプトと東方との海上通商がいかにさかんであったか、そしてそのことをヨーロッパ側、とくにフレグ・ウルスとむすんだイタリア商人たちがつよく意識し、東方貿易をマムルーク朝の「生命線」と理解していたかが、じつによくわかる。ヨーロッパ勢力が、インド洋に直接に艦隊をのりいれて、東方通商と直結しようという発想は、ヴァスコ・ダ・ガマの時代にまでくだってはじめてあらわれたわけではなかったのである。

こうして、ユーラシアの東西は、東から西へムスリム・オルトク商人、カーリミー商人、ビザンツ商人、イタリア商人が、たがいに重複・錯綜しながら横つながりにリンクすることとなった。とはいえ、もとより、このユーラシア世界通商圏をなりたたせていたのは、重商主義と自由経済にもとづいて、かつてない通商振興政策をくりひろげる巨大でゆたかな繁栄する東方、すなわち大元ウルスがあればこそであった。

## 5　なぜ未完におわったか

### モンゴル・システム

クビライ時代の三十年余をへて、大元ウルスは、世界史上、かつてない国家となった。同時に、ユーラシア世界もまた、かつてない時代をむかえた。

すくなくとも、東は日本海から西はドナウ河口・アナトリア高原にいたるモンゴル領内では、国境の壁は消えた。そして、ユーラシアと北アフリカをふくめ、陸上・海上ともに、通商の壁はとりはずされた。人類のおもな生活の舞台のほとんどが、史上はじめて、「人ともの」の循環を通じて、ゆるやかながらもむすびつけられた。

それは、軍事力によって強引にむすびつけられたものではなかった。史上最大の巨大国家モンゴル自身が、政権の力をあげて整備・維持する交通網とそれを利用する通商とによって、おだやかにむすびつけられたものであった。

モンゴルは、いぜんとして強大な軍事力を保有してはいたけれども、中国を中心とする巨大な経済力によって、世界と時代をリードした。軍事から経済の時代となった。きわめてゆるやかで緩慢ではあったものの、世界はひとつのものとして動きはじめた。

もちろん、それは日本列島もふくめ、ユーラシアと北アフリカの各地に暮らす当時の大部分の人びとにとっては、やはりまだ、それとして自覚したり、目に見えて認識したりするものではなかったろう。しかし、各地はみずからがそれとは気づかないかたちで、モンゴルを中心とする世界の動きのなかにとりこまれ、リンクしていた。

たとえば、この時期の日本に展開する社会・文化・経済の状況は、ふつうの「常識」で考える以上に、ひろくふかく大陸と連動している。しかも、この前後に現在につながる日本の文化の基層や価値体系の基本がさだまっただけに、そのもつ意味はもっと再検討されていい。

モンゴルを中心にできあがったシステムをみずから利用し、すすんでその恩恵にあずかろうとした人びともいた。全体から見れば、それは依然として少数にとどまったとはいうものの、それまでの時代ではありえない行動範囲と多様な活動が可能となった。こうした人びとにとって、とくにモンゴル時代の後半は、格段に自由で便利な環境となった。

イブン・バットゥータや「マルコ・ポーロ」、モンテ・コルヴィノ、オドリコ、マリニョーリをはじめ、たとえば、オングト貴族の子でフレグ・ウルス治下でネストリウス派キリスト教団のカトリコスとなったマルクあらためヤバラーハー三世、もともとはその師でローマ教皇庁や西欧各国を歴訪して一種の「西方見聞録」をあらわしたバール・サウマー、さらには日本の禅僧で少林寺と霊巌寺《れいがんじ》にその撰文《せんぶん》にかかる碑刻をのこす邵元《しょうげん》など、これらの有名な人物たちは、みずからその記録をしたためたか、もしくはたまたまその行動がかきとめられたために、史上に名がのこった人びとである。こういう有名人ばかりでなく、名もしれない数多くの商人・宗教者・政治家・外交官・技術者・芸術家・運送業者などが、かつてない規模で移動した。それも、強制された結果ではなく、ほとんどはみずからの意志と選択で、そうすることができた。

ひとりの人間が、その生涯のうちに動くことのできる距離と見聞の幅が大きくひろがった。それまでの時代ならば、よほど特別な地位か、おもいがけない運命におちいった人物でしか体験できなかったものが、特別の境遇でない人間でも、多少のチャンスと運、そしてあとはその気にさえなれば、安全かつ十分に味わうことが可能となった。各地の地域社会の全体からすれば、それはまだまだごくひとにぎりにすぎなくても、やはりそうした人びとが以前とは格段にまとまった数で出現したこと、そしてかれらによってかつてない情報と知見が確実にもたらされたこと。それはやはり、人類全体の歴史のうえでは、見逃すことのできない意義と影響力をもつ。

国家や政権についていえば、通商国家・経済立国の性格をふかめたモンゴルをはじめとして、各地の権力はいずれも不思議なほど、たがいにひきあうかのように、それまでよりイデオロギー色をうすめ、経済・通商への傾斜や関心を見せるようになってゆく。それと同時に、各地の社会や文化の状態も、それまでとは明確に異なる展開を見せる。もちろん、いぜんとして各文明圏、各地域ごとの独自さは優越しているが、それをこえて共通した現象や状況が生まれていることにも気づかざるをえない。

たとえば、モンゴル領域では、その地域・政権のいかんをとわず、さまざまな人種・言語・文化・宗教が、ほとんど国家からの規制をうけないかたちで、並存・共生する状況となった。「ノン・イデオロギーの共生」といってもいい。現在のわれわれからすると、すこし不思議におもえるくらい地域紛争・民族対立・宗教戦争はすくない。

大元ウルスはもとより、各地のモンゴル国家はいずれも、政治と経済いがいのことについては、おどろくほど無関心であった。イスラーム化したはずのフレグ・ウルスでさえ、政権の中核となるモンゴルとその周辺の人びとには、じつは宗教性は稀薄であった。フレグ・ウルスは、統治の必要からイスラーム国家の外被をよそおったにすぎない。

ふりかえってみれば、「近代精神」というものは、よくもわるくも宗教からの離脱が必要条件であった。モンゴル時代後半の世界は、「近代」以前では非常にめずらしいほどに、共通して即物主義、合理主義、現実重視の風潮に、国家も政権も社会もつつまれた。しかも、自分とは異なる存在・文化・価値観にたいする排他性や攻撃性は、いまのようにひどくはない。ハイブリドな政権モンゴルを中心とする政治と経済の安定によって、異文化の共存、多元社会の状態はあたりまえとなり、恒常化した。

興味ぶかいのは、モンゴル治下で、死刑がたいへんすくないことである。たとえば、大元ウルスがおさえる中国方面では、「文化国家」を謳われる宋代より、ずっと死刑がすくない。まして、とくに洪武時代、中央政府官員とその血族をなんと五度にもわたって数千人単位、もしくは万単位で殺害するという歴史上でもそう類例をみない蛮行を平然とおこなった殺伐とした明代とは、比較にならない。

中国では王朝も、それをささえる士大夫たちも、イデオロギシュな意識がたちまさった存在であった。思想や価値体系が、人の考えや行動をつよくしばった。モンゴル時代、とくにクビライによる大元ウルス成立後は、よくもわるくも、この精神の枠組がゆるくなり、うすまった。ただし、南宋治下でその芽が育っていた朱子学は、大元ウルスに江南が接収されたのち、モンゴルのオープンな環境のなかで、逆に全中国にひろまり、さらに高麗国や日本国へも、大きな影響をあたえることとなる。

しかし、ともあれ、時代と世界の風とおしはよくなった。ユーラシアと北アフリカは、繁栄と経済活況につつまれだす。そうした時代環境のなかで、それまでではなかなかありえなかったような既成の枠をこえた人物や事象、美術・工芸、科学・技術、思想・哲学が登場する。イギリスのモーガン氏がいう「モンゴル・リベラリズム」は、たしかに、この時代の東西をながめていると、よくおもいあたる。

国家も国境も、民族も人種も、いわばすべてがボーダーレスとなった時代であった。人類史上、こうしたことは、二十世紀になるまでは、なかったといっていい。

ようするに、国家が経済と流通をコントロールする大元ウルスを中心に、世界はきわめてルーズで曖昧なかたちではあったが、史上はじめてある種のシステム化への道をたどりはじめたといってよいのではなかろうか。それを創出し、大がかりに演出したモンゴルの名をとって、これをかりに「モンゴル・システム」と呼びたい。世界の歴史は、あたらしい段階に一歩ふみこんだ。

### 早すぎた時代

クビライとそのブレインたちによって、国家と経済のシステムの基盤がさだめられた結果、大元ウルスとモンゴル帝国は、もはやクビライのような個性を大カアンにいただかなくても、そのシステムが機能するままに、安定した状態で運営されることとなった。

ところが、この状況は長くはつづかなかった。一三三〇年代からほとんど軌を一にして、モンゴルの東西は、混乱し、ゆらぎ、しだいに沈みこんでゆく。原因のひとつは、あきらかに一三一〇年代から二〇年代ころよりはじまった異様なほど長期で巨大な地球規模の天変地異であった。

これは、モンゴル領内だけではなかった。ヨーロッパでは、一三一〇年代ころより、ひんぴんと災害や異常な天候不順がおこり、農業生産はひどくそこなわれた。モンゴル帝国内の諸政権では、フレグ・ウルスがもっともはやく動揺した。一三三五年に、第九代の君主アブー・サーイードが没すると、フレグの後裔がたえ、「イル・ハン」の地位は他のモンゴル王族につつたものの、内紛から混乱につつまれた。そして、一三五三年にはチンギスの血筋はまったく絶えて、統合はうしなわれた。ただ、イランにおけるモンゴル系の政権は、フレグ・ウルスよりすこし小規模なかたちではあったが、ともかくも十五世紀までつづいた。イラン方面では、一三五三年以後、ながいモンゴル支配の崩壊過程に入ったとみたほうがよいのかもしれない。

各地のモンゴル権力は、一気に「倒壊」するかたちをとったものは、じつはひとつもない。ゆるみ、ゆらぎ、自壊し、分立し、そして次第に影をうすくしてゆくかたちをとった。歴史の表面からいつとはしれず、時間をかけて「フェイド・アウト」していった。

いったん中央機構が弱まれば、遊牧連合体のむかしのパターンどおりに、モンゴル帝国も統合から解体にむかうのは避けられなかった。天変地異は、信じられないほどの長期にわたった。地震、洪水、長期の異常気象――。ユーラシア全域は、くらい影におおわれていった。

そして、ついに一三四六年より黒死病が、エジプト、シリア、東地中海沿岸部、そして西欧を襲い、国家と社会を破滅においこんだ。おなじころ、中国でも黄河が大氾濫し、悪疫が華北・華中を襲った。歴史研究の枠をこえた文明史家W・H・マクニール氏は、この悪疫をも黒死病とするが、そうだと決定するには材料不足がいなめない。

ともかく、モンゴルを中心とするユーラシア世界の輝きは、ひかりはじめたとたんに、およそ七十年ほどにわたる長期の「大天災」で、うしなわれた。

この「地球規模の天災」の猛烈さは、いくら強調してもしすぎでない。武宗カイシャン以後の歴代の大元ウルス皇帝とその政府は、帝位をめぐる暗闘や対立とはまったく別に、この異常きわまりないありとあらゆる天災の連続にくるしみぬいた。緊急の対策会議が日常化し、大臣からついには大カアンまでが、みずからの不徳のために尋常ならざる災厄をまねいたことを天地と万民に陳謝し、自分の罪を自分で告発するなどということさえした。しかし、それで天地の鳴動・咆哮がおさまるわけはなかった。中国本土では、省単位で一〇万、数十万、ついには一〇〇万をこす被災者があふれる事態がつづいた。モンゴル高原は、もっと悲惨であった。

好悪の感情にかかわりなく、このころの歴代モンゴル皇帝とその当局は、気の毒といわざるをえない。もちろん、民衆はもっと気の毒である。従来、この異様な大天災について、「元朝モンゴル」たちの「乱れた政治」が、悲惨な時代をまねきよせたといわれがちである。悪い政治が天地の怒りをまねくという「天地感応思想」は、中国漢代に生まれた。近現代の歴史家が、その信奉者だとすれば、きびしいことである。

中央アジア・中東・ヨーロッパの歴史研究では、この時期の「大天災」について「乱れた政治」のためとはいわない。ともかく、記録で確認されるかぎり、この「大天災」が史上最大規模であったことは事実である。それが人類史・世界史の展開にあたえた影響は、はかりしれない（もし、この「大天災」が現在の世界を襲ったならば、現代社会に、それを数十年にわたってしのいでいける耐久力が、はたしてあるのかどうか、予断をゆるさない）。

すくなくとも、筆者は「世界史」を論じようとこころみる人は、この十四世紀をおおった暗黒と不幸から目をそらすべきではないと考える。その原因がはたしてなんであったのか。もしできるならば、解明したいものである。

一三六八年、大元ウルスは中国から後退する。クビライ王朝そのものは、その後も二十年余、モンゴリアを根拠地に明朝と熾烈《しれつ》な攻防を展開する。しかし、もはやクビライが創出した大統合のもととなる政治と経済のシステムは失われた。モンゴル帝国は急速にまとまりをなくして、大小のさまざまな諸勢力にわかれてゆく。

一三八八年、クビライの嫡統であったトグス・テムルがアリク・ブケの後裔イスデルにとってかわられたあと、クビライの血脈でないチンギス裔が「大元《ダヤン》カアン」を名乗って、その後もモンゴリアを支配する。しかし、もはやそれは根本においてクビライがつくりだした「大元ウルス」とはあまり直接にかかわりのない政権であった。そして、モンゴリアは、まさにその名のとおり「モンゴル高原」となってゆく。

では、どうしてクビライとそのブレインたちが営々としてつくりあげた国家と経済のシステムは、こうまでもろくもくずれさったのか。たとえ、あまりにも人知を超越した異常な「大天災」がつづいたにしても。

それをひとことでいえば、早すぎたのである。構想やねらいは、すばらしかった。クビライとそのブレインは、壮大なプランと見事なほどの統制力と強固な意志で、それらを次々と実現していった。それらの構想のほとんどは、時代をはるかに先どりしていた。その多くは、ずっとのちの西欧でないと、現実化しなかったものであった。

構想と実現への努力は称賛にあたいするが、なにぶんにも、それをささえるべき技術力、技術水準が低すぎた。クビライとそのブレインたちには、トラックもパワー・ショベルも、列車も動力船もなかった。また、通信・連絡の手段も、しょせん駅伝の特急便か伝書鳩しかなかった。東西一万キロメートルをこえる超広域の大版図をまとめるには、あまりにも人類は技術上・産業上、プリミティヴな段階にいた。

技術力のうすさが致命傷であった。有史以来、屈指の「大天災」が長期でおそってくると、そのおそるべき打撃をしのぐだけの耐久力はなかった。「モンゴル・システム」を恒久化させるだけのすべもチャンスも、不運にしてあたえられなかった。

それに、クビライとそのブレインたちが創出した国家と経済のシステムは、巧妙にできすぎていた。大都と大カアンをものと人の結節点にして、すべてがそこにリンクする構造は、いったんそのどこかが機能しない事態が生じると、一気に崩壊せざるをえなかった。そうなってしまうと、モンゴルという連合体も、その経済循環システムも、組みたてるまえの寄せ木細工にもどらざるをえない面があった。

クビライとそのブレインたちは、使えるかぎりの乏しい技術力を最大限に生かして、知恵と工夫のかぎりをつくしてやるだけやったといえるのかもしれない。ただし、しばしば頭のほうが時代よりすすみすぎていたことがあった。かれらは、つねに現実のなかでは技術と時代の壁にぶつかり、足もとをとられた。純粋に技術面での制約から、断念せざるをえなかった構想もある。

　クビライの新国家計画は、構想と現実が相刺《あいざ》しになりながら、ともかくもクビライ一代の間は、ひたすらしゃにむに突きすすんだ感がある。とはいえ、前近代のあらゆる国家・政権のなかで、国家と経済のシステム化の徹底という点において、さらにその規模の巨大さにおいて、クビライとそのブレインたちがつくりだしたパターンは、きわだっている。

　しかし、すべては未完のままであった。もし、空前の「大天災」がなければ、それなりの継続と発展をみせたのかどうか、それはしょせんわからない。

### 記憶としてのシステム

　では、「モンゴル・システム」は、すべて消えさってしまったのだろうか。じつは、そうではない。モンゴル時代がおわっても、そのシステムはさまざまなかたちで世界にのこり、その血肉となった。いわば、記憶としてのシステムは生きつづけ、その後の世界史の展開のうえで、見逃せない要素となった。

たとえば、もっともモンゴルの遺産を拒否したかのように見える明朝では、表面上、漢族主義・中華主義を鼓吹した。ところが、じつは、諸面にわたって明は大元ウルスのパターンの多くをひきついでいた。とりわけ、中国本土にとどまらない巨大帝国の方式を、あきらかに大元ウルスからうけついでいた。

わかりやすいのは、その版図である。明朝は、「中華統一王朝」としてほとんどはじめて、マンチュリア、現在の中国東北地方に手を伸ばし、雲南と鬼国あらため貴州地方を領有し、さらにティベトにまで影響力を行使しようとした。あきらかに、「中華」は大元ウルスをさかいに、その国家パターンをとりこんで「巨大な中華」に変身し、明・清そして民国・現在へといたる。

また、明朝の第三代皇帝で、父の洪武帝とはちがった意味で明帝国の「建設者」でもあった永楽帝は、内陸では数回にわたって「モンゴル高原」に親征した。海上では、鄭和《ていわ》による大艦隊をやはり数回にわたってインド洋に派遣し、イラン、ヒジャーズ、さらにはアフリカ東海岸にまでいたらせた。これも、大元ウルスを前提としなければ考えられない。

永楽帝以後の都は、大元ウルスの帝都であった大都である。北京と名を変えたものの、都市としての基本骨格は、ほとんどそのまま大都をうけつぎ、ほぼ似たような建造物を再建した。それが現在も中華人民共和国の首都である北京である。じつは、モンゴル時代の大都の町割りが頭に入っていれば、北京の旧内城地区の大半は、歩けてしまえる。故宮はもとより、モンゴル時代になんらかの主要構築物があったところには、ほとんど同種のものが明代に再構築されている。

そもそも、北京という土地は、モンゴル高原がすぐ背後に迫っている。いわゆる「中国本土《チャイナ・プロパー》」だけの支配をめざす政権ならば、けっしてここに首都をおくことはありえない。あまりにも、東北すみの「辺境」であり、モンゴル高原をふくめた北方からの脅威にさらされすぎている。

首都を南京から北京へうつした永楽帝は、あきらかに大元ウルスの再現をねらっていた。かれの死後、明朝は「内むき」の皇帝がつづいて、急速にいすくんでゆくものの、永楽帝自身は、「モンゴル高原」をも領有する国家をつくるつもりだったのだろう。そうであれば、北京遷都もモンゴリア親征も、よく理解できる。

永楽帝は唐の太宗を尊崇していたというが、じつは誰よりもクビライを尊敬し、その模倣につとめた。ほとんど、かれは「クビライ教」の信者であった。永楽帝は、中国を失うことになった順帝トゴン・テムルの子であるという「俗信」が、漢族にもモンゴル族にもひろまったのもうなずける。トゴン・テムルの子を宿した女性を、洪武帝がその後宮に入れたというのである。

永楽帝ののち、モンゴル高原を領有できないまま、しかも北京に居すわってしまった明朝は、国家権力の安全保持において、じつは甚大な矛盾に直面していたことになる。そのため、モンゴル高原に小規模なかたちで「再建」された「大元国」の牧民軍団の侵攻におびえた十六世紀の明朝は、巨大・堅牢な万里の長城を建設せざるをえなくなる。

モンゴル時代はもとより、永楽帝の時代にも万里の長城は必要なかった。中国史上、万里の長城は、じつはそれほどつくられてはいない。めずらしくつくられた場合でも、人の背丈ほど土を掘り、その土を守りたい側に盛りあげた程度の、ごくささやかなものであった。馬を防げれば十分な壕と土壁であった。

そもそも、国土をそっくり壁で囲いこんでしまおうという発想そのものが、誰が考えても尋常でない。現在のこるあまりにも莫迦げたほど強大な万里の長城は、明朝後半の権力者たちが、いかに「内むき」でひとりよがりであったか、そして明朝の皇帝権力というものが、いかに人類史上でもめずらしいほどの独裁専制の極致であったか、われわれに無言のうちに語りかけてくれるものである（一例として、宦官《かんがん》のわざわいは、世界史上、明代中国がとびぬけてすさまじい。それは、明朝皇帝が異様な独裁権力者であったことの必然の結果である。その点、「モンゴル共同体」の代表の性格を濃密にもちつづけたモンゴル大カアンの権力など、皇帝個人の恣意でふるえる範囲は、きわめて限定されたものにすぎない。この点、従来あまりにも誤解が大きい。明朝帝国では、どうして、皇帝のみがただひとりこの地上に巍然《ぎぜん》としてそびえたち、他の官僚以下すべての臣民は、ひたすら唯唯諾諾として羊のようにしたがうべき存在とされてしまったのか。人類史を通じた独裁権力のパターンの悪例として、検討すべきであると考える。その一因に、明朝の創始者である朱元璋の存在が大きいことは否定できない。まったくの暴徒から身をおこすさい、かれが白蓮教《びゃくれんきょう》という武装信仰集団でのしあがったことが幸運の要因であった。白蓮教は、メシアに似た唯一人の光明主「弥《み》勒《ろく》」が降臨して濁世を救済するという信仰である。「明」という国号、即位後の人民教育「六諭《りくゆ》」のおしつけ、人類史上屈指の識字層の大虐殺。洪武帝が自分を、この世でただひとりの救世主「弥勒」と考えていたとすれば、うなずける）。

　永楽帝はもとよりのこと、じつは洪武帝の時代からすでに、明朝皇帝は「ダイミン・カアン」（「ダイミン」は「大明」のこと。現代中国語の「ター・ミン」とはちがうかたちで非漢語文献にあらわれる）と称して、旧モンゴル勢力ばかりでなく、マンチュリアのジュシェン族、半島の高麗国、のちには李朝朝鮮国、そしてヴェトナムをはじめとする東南アジア諸国にも、世界の帝王「大元《ダイオン》カアン」をひきつぐものとして、恩恵をあたえようとふるまった。

　たとえば、漢字で音写したモンゴル語の原文とその漢文直訳からなる甲種本《こうしゅぼん》『華夷訳語《かいやくご》』には、いくつかのモンゴル牧民集団が遣使来朝《けんしらいちょう》したときの「来文《らいぶん》」や、反対に洪武帝がそれらにあたえた「賜文《しぶん》」がバイリンガルのかたちでおさめられている。それによると、モンゴル東北の巨大勢力で、クビライ政権を生みだし、かつナヤンの反乱ではクビライ政権を危機におとしいれた東方三王家が、洪武帝を「ダイミン・カアン」と呼んで、わずかばかりの献上品をさしだし、その見返りに莫大な賜物をうけていることがわかる。しかも、明朝体制のかたちのうえでは、オッチギン王家は泰寧衛《たいねいえい》、カサル王家は福余衛《ふくよえい》、カチウン王家の中核部分（カチウン王家の当主は「呉王」を名乗っていたが、一三八八年トグス・テムルが明軍の急襲をうけたさい、捕殺されたことが『明実録』に見える。その結果、チンギス・カン時代以来、カチウン王家の中心を構成していたウリャンカ族の千戸群が、カチウン家の旧牧地のひとつ「ドヤン山」に残留して勢力を保持した）は朶顔衛《ドヤンえい》という「衛所《えいしょ》」の指揮官の肩書を洪武帝からもらっているのである。

明朝は、みずからの軍隊制度の単位である「衛《えい》」や「所《しょ》」（千戸所、百戸所のこと。もちろん、これもモンゴル時代の模倣である）の名称を、マンチュリア、モンゴリア、ティベト、雲南、貴州、ミャンマーなどの地域の「在地権力者」にあたえて、あたかもこれらの権力者や集団が自分の帝国の一員であるかのようによそおった。もらったほうは、それで明朝から莫大な賜物を保証されるから、明朝のたてまえや虚構など、どうでもよかった。

明朝体制では泰寧衛、福余衛、朶顔衛と名乗ることになった東方三王家は、明側からは、もっとも明領にちかい朶顔衛の名をとって「朶顔三衛《ドヤンさんえい》」と総称された（もしくは、朶顔衛がウリャンカ族であることから、「兀良哈《ウリャンカ》三衛」とも総称された）が、モンゴリアの「大元国」体制では、モンゴル語で「オジエト」と総称された。かれらは、モンゴル時代をつうじてそうであったように、独立の政治勢力であることを保持しつづけた。

燕王朱棣《えんおうしゅてい》、すなわち永楽帝の南京政府打倒（靖難《せいなん》の変《へん》という。「難事を靖《やす》んじた」という意味）にも、協力して有力な軍事力となった。さらにくだっては、清朝の太宗ホンタイジと攻守同盟をむすび、大清帝国を実現にみちびく有力な同盟者となった科爾沁《ホルチン》部は、この東方三王家の後裔であった。

チンギスの弟カサルの血脈を謳ったホルチン部は、清朝一代をつうじて清朝王室に準ずる家柄となり、最高の軍事貴族として愛新覚羅《アイシンギヨロ》一族と一体化した。清末に、太平天国を制圧し、アロー号戦争では天津から北京に進撃する英仏連合軍をいったんは撃退した清朝最後の切札センゲ・リンチンは、ホルチン軍団の親王将軍であった。その意味で、東方三王家の血脈は、大元ウルス、永楽政権、そして大清帝国を生みだす原動力のひとつであったことになる。

こうしたモンゴルをひきつぐ「ダイミン・カアン」の政治姿勢は、大元ウルス時代に似た「国際関係」を継続した。大元ウルス時代には、西北ユーラシアのジョチ・ウルス、西アジアのフレグ・ウルス、中央アジアのチャガタイ・ウルスが、頻繁に大カアンのもとへ使節団を送って、巨大な賜与という名の経済援助をうけた。それには、各ウルスに直接・間接に所属する地方君侯も、くわわった。

明代では、中央アジアを制圧したティムール朝がしきりに遣明使節を送ったばかりでなく、なんとオスマン朝もまた、しばしば使節団を送りこんだ。『明実録』によれば、スレイマン大帝時代でさえ、そうであった。さらに、明代前半はマムルーク朝、後半はオスマン朝の治下にあったメッカ、メディナをふくむヒジャーズも、「天方国《てんぽうこく》」という宗教色の濃い名で、おそらくは海路をつうじて明朝に使節団を送った。もとより、いずれも中国の富が目的であった。

このように、政治関係でも「モンゴル・システム」は多少こわれながらも、記憶としてひきつがれていた。明朝がつくろうとしてつくれたものではありえない。明は無意識のうちにひきついだ。もともとの「鋳型」があったのである。

さらに、海上ルートを使った通商関係に目をむけると、「モンゴル・システム」は、そのまま生きつづけていた。後述するように、明朝は倭寇《わこう》などにおびえて「海禁《かいきん》」することになるものの、それはすぐそうなったわけではなかった。当分の間は公然と、そしてのちは非合法に中国のジャンクは、東南アジアやインド方面へしきりに出かけていった。アラブの商船は、インド洋上を活発にうごきつづけた。

そうした歴史上の産物として、東南アジアは急速に「華僑《かきょう》」の地となってゆく。そして、なかばは中国ムスリム、なかばはインド方面のムスリム商人勢力の進出の結果、急速にイスラーム化もすすんでゆく。

「マルコ・ポーロ」という名の誰かが西へむかった一二九〇年の前後には、まだ東南アジア沿岸部の住民はイスラームを信奉していなかった。しかし、一三三〇年代にイブン・バットゥータが通過したときには、もはや港湾都市の土着王侯や商人たちは、ほとんどムスリムとなっていた。東南アジアにおけるイスラーム化の波は、「モンゴル・システム」を片方でになったムスリム商人たちの到来とともに、はじまったのである。

そもそも永楽時代の鄭和の大航海じたいが、「モンゴル・システム」の産物である。基本は、モンゴル時代の汪大淵がしるす『島夷誌略』の世界と変わらない。鄭和の艦隊が、東南アジア・インド・西アジアの各地でうりはらった最大の商品が、元代後期の景徳鎮でモンゴル期イスラーム世界での需要にこたえるために大量にうみだされた既述の染付、当時の国際語のペルシア語で「ラジュヴァルディー」という名の磁器であったのも変わらない。

英語で「ブルー・アンド・ホワイト」というように、白い素肌にコバルト・ブルーで絵付《えつけ》をしたものである。中華人民共和国の一部の研究者は、「青花《チンホワ》」磁器はすでに南宋末に出現していたと主張する。だが、南宋末は、じつはすでにユーラシアの大半ではモンゴル時代である。しかも、肝心の絵付の材料となる「回回青《かいかいせい》」、すなわちコバルト顔料はイラン方面からきた。それに、問題の核心は、技法の発生がいつなのかでさえない。社会上、産業上、意味をもつほどの需要は、いったいいつあらわれたのか、である。白磁にコバルト・ブルーで絵付をするという発想と需要は、モンゴル時代、とくにその後期になって意味をもった。モンゴル・システムの時代だからこそ、ユーラシア規模で「社会化」「産業化」したのである。

明代において大ぶりの見事な優良品は、宮廷用以外は、輸出用、とくに西方へむけられた。絵付の図柄も、その需要にこたえるように描かれていた。現在、染付の最大のコレクションは、中国ではなく、イスタンブルのトプカプ宮殿《サライ》博物館にある（そのうちのかなりな部分は、もともとマムルーク朝が所有し、のちオスマン朝のエジプト征服によりイスタンブルへもってゆかれたと考えられている）。そのことがすべてを語る。そこに所蔵される厖大な染付の逸品のかずかずは、モンゴル時代から明代にかけて、海上の「モンゴル・システム」が生きつづけていたまたとない証拠である。

鄭和は、最近みつかった家譜によれば、大元ウルス時代に雲南開発をおこなったサイイド・アジャッルの後裔であるという。もしそうならば、かれがイスラーム世界で歓迎され、また永楽帝がかれを艦隊司令官に任命した理由もよくわかる。「サイイド」とは、ムハンマドの血脈をひくものだからである。また、もしそうならば、「太監《たいかん》」、すなわち後宮の取り締まり役であったという点から、従来、鄭和を無条件に「宦官《かんがん》」だとしているが、それもうたがわしくなってくる。とにかく、鄭和の存在そのものが、「モンゴル・システム」のなごりでもある。

もし、明朝が永楽帝の他界後も、おなじ国家方針をつらぬいて、極端に「内むき」に転じることがなかったならば、「大航海時代」は、すくなくともアジア・アフリカ方面に関しては、はたしてヨーロッパ人のものであったかどうかわからない。「モンゴル・システム」が生きつづけ発展していれば、「東からの大航海時代」がなかったとはいいきれない。

じつは、永楽帝他界後の明朝の方針転換は、中国の歴史、そして世界の歴史を決定づけた「大転換」ではなかったか。それまで、「東方」の技術力・産業力は、「西方」を完全に圧倒していた。しかも、南宋の遺産を吸収したモンゴルによって、それらが海洋技術とリンクして組織化されだしていた。クビライ時代の蒲寿庚の子の蒲子文《ほしぶん》らによる西方への宣教艦隊、ジャワ遠征艦隊、「マルコ・ポーロ」の乗船した使節団艦隊をはじめ、汪大淵がしるす商船隊をへて、明の永楽時代には鄭和の大航海となった。社会の産業力と国家の海洋進出への意欲がむすびついて、巨大な海運力を生みつつあった。それは歴史の大きな推運であるかのようであった。ところが、一気に放棄された。鄭和にからむ記録は意図して消しさられ、海洋を航行する大型船の建造は禁止され、さらに海岸部に人を住まわせない政策さえとられた。いわゆる「海禁」である。多くの芽は、つぶされた。海洋文化にたいする知識も技術も、そして肝心の意識までもが、後退した。

「東方」が海洋について後れをとったのは、じつはその後のことである。つい最近にいたるまで、歴代の中華政権が「重陸軽海」の思想でつらぬかれていたというのは、誤解である。明の閉鎖政策以後、そうなったのである。「東方」は、発展を「自粛」した。いや、ほとんど「自滅」した。ここに、長いタイム・スパンから見て、東西の力関係は逆転をはじめた。十五世紀は、運命をわける世紀となった。

明を中心とするアジア東方は、しだいに自分のなかに閉じこもりがちとなり、じつはささやかな力しかないポルトガル、イスパニアによる「海上帝国」という歴史のあだ花を咲かせてしまう。

しかし、それは銃火器でよろわれた艦隊によるものであった。ところが、火薬による銃砲も、少なくともモンゴル時代までは、「東方」が「西方」を圧していた。襄陽の包囲戦にみえるような組織化された銃砲火器の使用がおこなわれだしていた。しかし、十五世紀なかばからの一世紀間に、「西方」は、銃火器を一挙に進歩させる。「東方」は、ここでも、「自粛」し、艦隊と火砲という当然の組みあわせは、「西方」のものとなる。

すべては、十五世紀なかばから十六世紀なかばまでのわずか一世紀間におきた。それは、「陸と弓矢」の時代から「海と鉄砲」の時代への世界史の大変化であった。「東方」は、モンゴルによってその基礎要件をつくりだし、そしておそらくモンゴルを通じてそれを「西方」に教えながら、みずからは後退した。明朝の「内むき」化のもつ意味は、重大といわざるをえない。

日本への「鉄砲伝来」は、きわめてシンボリクである。一五四三年。中国海賊があやつる船に乗ったポルトガル人が、海から鉄砲を伝えた。その後の百年ちかくの日本史は、火器による重武装化と統一化、それにともなう海外進出の時代となる。まさに、「海と鉄砲」の一員となろうとした。そして、そこでやはり「自粛」する。とはいうものの、その百年の大変身のきっかけが、中国船員が乗りくむポルトガル航洋船であったことは、意味ぶかい。ポルトガルの「海上支配」といっても、在来のアラブ・インド・中国方面の海上勢力とタイ・アップして、そのうえに乗ったかたちで成立したものであったからである。マクロな目で眺めれば、結果として「モンゴル・システム」の一部応用といえなくもないのである。

ひるがえって、モンゴル時代ののち、ユーラシアには、東方の明・清帝国、中央のティムール帝国と第二次ティムール朝としてのムガル帝国、西北のロシア帝国、そして西南のオスマン帝国という四セットの大帝国が、それぞれのときに同時に四つずつならびたった。それぞれが、その地域や「文明圏」において、モンゴル時代以前には見られなかった規模と中身の大帝国であった。これらの政権・国家は、いずれもみなモンゴル時代に、なんらかの端緒があり、しかもモンゴル帝国よりもはるかに長つづきして、近現代の扉がひらかれるまで、前近代のユーラシアを代表する巨大帝国となった。クビライの大元ウルスは、偶然か必然か、永続しなかったけれども、そこで総合化されたそれなりに強固な軍事・経済のシステムをもつ「巨大国家の方式」を、ひきつづく時代にのこしていったことになる。西欧列強によるいわゆる帝国主義のしばらくまえ、「アジアの帝国主義」の時代をモンゴルがもたらしたといえるのかもしれない（この時期のロシアの拡大は、ほとんど無人ないし弱小な集団しかいなかった東方のシベリアへの拡大であり、ほとんど「アジアの帝国」であった）。ただし、そのことが、それぞれの地域の人々にとって幸いなことであったかどうかは、それぞれの場合によるといわざるをえないのも、一面の事実である。

## ふりかえるべき時

いっぽう、モンゴル時代をへて、ヨーロッパは急に「外むき」になる。生産と流通、とくに通商を国家と社会がとうぜんの目的とするように、いつしかなっている。「十字軍」時代とは、まるでちがう。では、どうして、そうなったのだろうか。

国家というものが、通商や経済行為を推進・統御しながら、それによる広汎な「国民」利益の獲得を第一の国家目的とする。それによって、社会も国民も潤い、繁栄する。このことを、われわれは自明のようにおもっている。さらに、個々の人間の利潤獲得への努力と工夫、それにともなう労働にふさわしい対価の要求と支払い、そして、そうしたビジネスと労働を肯定し当然だとする思考法――それらが、「近代社会」に不可欠の要件だと、おもっている。それを、意識するしないは別として。

しかし、その原型となったとされる西欧諸国家やその社会が、歴史上いつ、どういう理由や経緯で、そうなったのか、よくわからない。また、そもそもどうして、西欧は、通商と富をもとめて、どんどん外へ出かけるようになったのか。キリスト教の布教という精神上・宗教上の理由だけでは、説明は一方通行にすぎる。

ウォーラーステイン氏は、壮大な説の立ち上がりにあたる肝心なこの時期のことについて、ヨーロッパ中心に考えている。いわく――十四世紀から十五世紀に、大きな混乱と危機の時代があった。しかし、その時の問題は世界ではなく、ヨーロッパだけの危機であった。ヨーロッパは、その危機から国家と資本主義が社会の中心となるシステムをあみだしてぬけだした。それが、この五百年間に地球をおおった「近代システム」なのだ、と。書くことは、おそろしい。氏は、モンゴルを知らない。そして、その「混乱と危機」は、ヨーロッパだけではなかったことも。

国家が、そのゆるやかな主導のもとに、組織力をもって物流をすすんで演出し、みずからも通商の利潤によって存立するというパターンは、世界史上、おそらくクビライ国家がはじめてである。西欧近代のパターン、そして現在の日本国もふくめ、経済と通商を立国の基本とする国々のパターンが、モンゴル時代にその重要な根源をもつ、とはあえていわない。それは、わからない。すくなくとも、いまは確定できない。歴史とは、そういうものである。そただ、十三世紀後半から十四世紀にかけて、クビライひきいる超広域国家のモンゴルがユーラシア東西にまたがる規模で、そういう方式を実行したことだけは、たしかである。そういう国家と時代が世界規模で存在したことだけはたしかである。

世界規模にわたる経済様相といえるもののすくなくとも「はしり」が、このときに見える。あるいは、商業に関して「意識革命」にちかいものが、じつはモンゴル時代にユーラシア規模で、いったんおこっていたかもしれない。ただし、残念ながら、いまそれを実証できない。それをゆるぎなく確定するには、これまでの準備はあまりに手うすい。そして、はたしてそれを可能にするだけの史料の質と量が、本当にそろっているかどうか、わからない。とはいえ、すくなくとも、モンゴル時代、とくにその後半におけるユーラシア世界のゆるやかな統合化現象から目をそらして、「世界史」における「世界の世界化」は語れないだろう。それなりに統合された姿としての「世界史」をイメージした場合、それはヨーロッパ規模から一気に地球規模になったのではない。まず、ユーラシア規模でのまとまりが、すくなくともモンゴル時代にあたえられたうえで、その経験の延長上に、ヨーロッパの「世界進出」があったとするのが、自然である（もちろん、それも当分の間は、南北アメリカ大陸やサハラ以南のアフリカなど、弱いところだけをことさらに突いたものだったことはわすれられるべきでない）。

ようするに、ユーラシアは、モンゴル時代に大きくさまがわりした。モンゴル時代ののち、ユーラシアのほとんどの地域は、それまでにはありえなかったすがたに変身していた。しかし、モンゴル時代そのもののことは、ヨーロッパにおける「マルコ・ポーロ」の『百万の書』の流行（これがコロンブスの西方航海をひきだす）などをのぞいて、ほとんど忘れさられていた。現実に作動しているシステムのなかには、モンゴル時代の記憶がとどめられてはいても、人びとの意識においては、単なる過去のエピソードとなった。

むしろ、時代がくだるにつれて、自分を「文明人」と意識した人びとからは、マイナス・イメージがかぶせられてきた。もちろん、クビライ国家の先見性も、その国家・経済・社会のシステムがどのようであり、それがどれほどのちの時代に影響をあたえたかも、忘れさられていた。

しかし、いま世界とユーラシアの歴史を現在という時点にたってもう一度みなおそうとするとき、モンゴル時代とクビライ国家のもつ意味は、大きく浮かびあがってくる。まさに、ふりかえるべき時である。

# あとがき

歴史のなかで、それとして、はっきり証明しがたいことがある。虚構だから、というのではない。本当にあったことだからこそ、かえって証明しにくいたぐいのものである。

ささやかなこと、決まりきったパターンのこと、あるいはある時だけのすこし変わったこと。こうしたことはとても証明しやすい。しかし、時間や空間のスケールが大きいと、証明することがむつかしくなる。人ひとりの手には、そう簡単に、扱うことができなくなるからである。

それは、その当時に生きていた人びとには大きすぎて、むしろなかなか気づかれることがすくない。当然、そうした人びとによってしるされた文献や著作のなかで、大きな全体像にちかい姿で書きとめられることも稀となる。まして、そうした記録や遺物という「史料」をたよりに、過去にあったことを考えようとする後世の人間には、実像や実寸で見えてくることは、とてもむつかしい。

ところが、そのまえとあとにあったこと、つまり時代の前後をよくよくひきくらべてみると、歴然としたちがいがそこにある。それは、いったいなになのか。疑問は、渦をまいておこってくる。そして、すこしばかりの事情が、一端なりとも見えだしてくると、渦はますます大きくなる。ひとつの解決は、より多くのさまざまな謎をひきずりだす。

モンゴルとその時代。そして、それがもたらした世界と人類の歩みの変化は、そうしたたぐいのことがらではないか。

近代学術としての歴史研究が、ヨーロッパではじまって、ほぼ百五十年。その間、アジアについての歴史研究をみちびいたロシアのバルトリド、フランスのペリオをはじめ、「巨匠」といわれる歴史学者のかなりな面々が、モンゴル帝国とその時代の歴史研究に力をそそいだ。その厚みと伝統は、ずぬけている。しかし、それでもなお、わかっていることは、ごくわずかである。

モンゴル時代の研究は、まだほんの「少年時代」である。多くはなお、夢みるなかに漂っている。心意気をともにする研究者たちは、年齢をこえ、世代をこえ、国境をこえて、厖大な多言語文献の山のなかに身をうずめている。できるならば、わたくしも、そのひとりでありたいとねがっている。

この分野に関連して、日本の研究蓄積と貢献は、従来から世界でも屈指であった。そして近年、あたらしい波をむかえつつある。漢語文献という日本東洋史学の「強味」だけにとどまらず、よりひろく多様な原典史料の大海へのりだそうという動きである。視野は、豁然とひらけつつある。その波に際会しているわたくしは、研究者として幸運である。

クビライとその国家について、なにか書かないか、とのおはなしをいただいたのは、もうだいぶまえのことである。そのときは、微力をもとめられたNHKスペシャル「大モンゴル」が意外なほどの好評におわり、反面、一部わたくしの頭のなかだけの仮説にすぎないことが映像によって「常識化」していくことのこわさを感じつつあった。ほぼ同時期に公刊した小著『大モンゴルの世界』（角川選書）についても、後半のクビライ国家についてのくだりが、あまりにも駆足すぎて不満であるというご意見を、友人・知己をはじめ諸方からいただいた。恥しいことであった。執筆のお誘いは、ありがたかった。

しかし、人なみに多忙などと、いいわけにもならないことを理由に、ぐずぐずと書きださなかった。ところが、そうこうしているうちに、本当にまとまって「こと」が複数でつぎつぎとやってきた。厄年というのはあるのかと、柄にもないことをおもったりした。なんとか、ひととおりなぐり書きをしたあとも、お手数をおもいきりおかけしてしまった。途中で、渡米してしまったことも、そのひとつである。

朝日新聞社、そしてなにより川橋啓一、宇佐美貴子のおふたりには、心より感謝を申しあげたい。このささやかな書物が、なんとか一応のかたちになったのは、このおふたりのお蔭である。すぐれた編集者にめぐまれること。これは、書き手の「運」である。その意味では、厄年はかかわりなかった。

迷惑は、別のかたがたにもおかけした。研究分野をおなじくする松川節《たかし》氏、堤一昭氏のおふたりには、校正段階でお力添えをいただいた。原典の確認をとらないまま、記憶で書いていた部分に不安を感じたためである。国際電話でのやりとりは、楽しかった。日米は、まったく近くなった。とはいえ、研究室に関係の根本文献を積みあげて片端からしらべまくり仕事ができる日頃の幸せと、そのなかに身をおかなければ、頭のなかばまでは、ほとんど機能しないのも同然となってしまう自分が、他国にいてよくわかった。多忙ななか、時間を割いてくださった心やさしき両氏に、衷心より御礼を申しあげたい。

まことに申しわけなくも、最後になってしまったが、わが国が誇る研究の大先達、本田實《み》信《のぶ》先生（京都大学名誉教授）には、歴史を画する御高著『モンゴル時代史研究』（東京大学出版会）所蔵の地図をこのささやかな書物に転用させていただくことを御快諾くださった。日本におけるイラン・イスラーム史研究の開拓者でもある氏は、前述の「あたらしい波」の導き手でもある。日頃のお教えのかずかずともあわせ、この場をお借りして、感謝の微意を表したい。

# 学術文庫版あとがき

本書のもととなった『クビライの挑戦――モンゴル海上帝国への道』(朝日選書、一九九五年)は、おおむねは一年間のアメリカ滞在中に執筆した。ほとんど碌な史料ももたずに渡米し、実はほとんど記憶で文を綴った。もっとも、必要な文献を一揃いもっていこうとすると、モンゴル時代史の場合、極端にいうと研究室ひとつ分くらいの書物量をたずさえなければならない。率直にいって、失礼ながらハーヴァード大学には、わたくしに不可欠の原典資料はほとんどなかった。しかし、かえってそのほうが、書きやすかったのかもしれない。この年、結果的には幾冊かを上梓した。海外にいるほうがひょっとすると執筆には楽かもしれない――。そんな気がしたのも事実である。

さて、それから時すぎて、十六年。いまや、モンゴル時代史は世界史上で屈指の研究テーマとして、国内外ですっかり定着した。本田實信先生は一九九九年に逝去されたが、本田先生が首唱された"the Mongol Period"という考え方は、日本が世界に発信した事実上で最初の歴史概念として、世界各国の関連研究者の間でごく普通のものとして使われる。この分野に志す人は、ユーラシア、ないしアフロ・ユーラシアの東西を見渡すかたちで、多言語史料と格闘するのは当たり前となった。

さらに、モンゴル時代以後のユーラシアについて、〝ポスト・モンゴル時代〟という発想のもとに、十五世紀以後の歴史をも総合的にとらえようとする研究動向もいちじるしい。ソ連の崩壊から始まって、中国の擡頭、世界のグローバル化などに象徴される変化もあり、地球世界史を構想するうえでも、「モンゴル帝国とその後」は「今」につづくひとつの鍵となる〝大転回の時代〟との認識は、もはや揺らがなくなった。

あらためて、本書を読みかえしてみると、随分と素朴なことをいっているなと思うけれども、これもまた、その当時のわたくしの率直な実寸であり、またおおむねは、そう大きくは誤ってはいないようにおもえる。

このたび講談社学術文庫におさめていただいたのは、まことに光栄である。これを機に、さらに一層努力したい。末尾ながら、講談社学術図書第一出版部の梶慎一郎さんに心より感謝したい。

二〇一〇年六月

杉山正明

本書の原本『クビライの挑戦——モンゴル海上帝国への道』は、一九九五年、朝日新聞社より刊行されました。

杉山正明（すぎやま　まさあき）

1952年，静岡県生まれ。京都大学大学院文学研究科教授。おもな著書に『モンゴル帝国の興亡』（上下，講談社現代新書），『中国の歴史08　疾駆する草原の征服者』『興亡の世界史09　モンゴル帝国と長いその後』（講談社）ほか。1995年に本作でサントリー学芸賞，2003年に司馬遼太郎賞，2006年に紫綬褒章，2007年に日本学士院賞を受賞。

講談社学術文庫

定価はカバーに表示してあります。

クビライの挑戦《ちょうせん》

モンゴルによる世《せ》界《かい》史《し》の大転回《だいてんかい》

杉山正明《すぎやままさあき》

2010年８月10日　第１刷発行

発行者　鈴木　哲

発行所　株式会社講談社

東京都文京区音羽2-12-21 〒112-8001

電話　編集部（03）5395-3512

販売部（03）5395-5817

業務部（03）5395-3615

装　幀　蟹江征治

印　刷　豊国印刷株式会社

製　本　株式会社国宝社

本文データ制作　講談社プリプレス管理部



ISBN978-4-06-292009-4

# 「講談社学術文庫」の刊行に当たって

これは、学術をポケットに入れることをモットーとして生まれた文庫である。学術は少年の心を養い、成年の心を満たす。その学術がポケットにはいる形で、万人のものになることは、生涯教育をうたう現代の理想である。

こうした考え方は、学術を巨大な城のように見る世間の常識に反するかもしれない。また、一部の人たちからは、学術の権威をおとすものと非難されるかもしれない。しかし、それはいずれも学術の新しい在り方を解しないものといわざるをえない。

学術は、まず魔術への挑戦から始まった。やがて、いわゆる常識をつぎつぎに改めていった。学術の権威は、幾百年、幾千年にわたる、苦しい戦いの成果である。こうしてきずきあげられた城が、一見して近づきがたいものにうつるのは、そのためである。しかし、学術の権威を、その形の上だけで判断してはならない。その生成のあとをかえりみれば、その根は常に人々の生活の中にあった。学術が大きな力たりうるのはそのためであって、生活をはなれた学術は、どこにもない。

開かれた社会といわれる現代にとって、これはまったく自明である。生活と学術との間に、もし距離があるとすれば、何をおいてもこれを埋めねばならない。もしこの距離が形の上の迷信からきているとすれば、その迷信をうち破らねばならぬ。

学術文庫は、内外の迷信を打破し、学術のために新しい天地をひらく意図をもって生まれた。文庫という小さい形と、学術という壮大な城とが、完全に両立するためには、なおいくらかの時を必要とするであろう。しかし、学術をポケットにした社会が、人間の生活にとってより豊かな社会であることは、たしかである。そうした社会の実現のために、文庫の世界に新しいジャンルを加えることができれば幸いである。

一九七六年六月　　野間省一